U0499330

本书受到国家自然科学基金重大项目（编号：72192830, 72192834）和国家自然科学基金青年项目（编号：72301223）的资助

循环供应链协调机制

理论与方法

何奇东　王能民　聂佳佳 ◎ 著

中国财经出版传媒集团

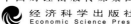

经济科学出版社
Economic Science Press

·北 京·

图书在版编目（CIP）数据

循环供应链协调机制：理论与方法/何奇东，王能
民，聂佳佳著 . -- 北京：经济科学出版社，2024.12.
ISBN 978 - 7 - 5218 - 6121 - 1

Ⅰ. F252.1

中国国家版本馆 CIP 数据核字第 2024BV2529 号

责任编辑：王柳松
责任校对：靳玉环
责任印制：邱　天

循环供应链协调机制：理论与方法

何奇东　王能民　聂佳佳　著

经济科学出版社出版、发行　新华书店经销
社址：北京市海淀区阜成路甲 28 号　邮编：100142
总编部电话：010-88191217　发行部电话：010-88191522
网址：www. esp. com. cn
电子邮箱：esp@ esp. com. cn
天猫网店：经济科学出版社旗舰店
网址：http://jjkxcbs. tmall. com
固安华明印业有限公司印装
710×1000　16 开　11.75 印张　210000 字
2024 年 12 月第 1 版　2024 年 12 月第 1 次印刷
ISBN 978 - 7 - 5218 - 6121 - 1　定价：69.00 元
（图书出现印装问题，本社负责调换。电话：010 - 88191545）
（版权所有　侵权必究　打击盗版　举报热线：010 - 88191661
QQ：2242791300　营销中心电话：010 - 88191537
电子邮箱：dbts@ esp. com. cn）

目　　录

第1章　绪论

循环供应链是指，以实现资源、能源、物流和信息顺畅循环，减少碳排放、环境污染和资源消耗为目标，包含供应链开闭环的所有企业，从产品设计、产品生产、产品销售、再到回收废弃产品后再利用的全业务流程的多功能网链。循环供应链管理与协调，在以最小成本满足消费者需求的前提下，为降低碳排放和污染排放、提高资源和能源的利用效率，借助协调机制以实现供应商、制造商、零售商、第三方回收和顾客等行为主体的合作，通过业务流程的融合以实现供应链上包括采购、设计、制造/再制造、物流、服务、回收等各个环节在内的正向/逆向业务流程的协同，进而实现资源流、能源流、物流和信息流顺畅循环的计划、组织、领导和控制的理论、机制与方法。有效管理与协调循环供应链，借助全要素顺畅流动以帮助企业实现绿色发展。本章主要讲述循环供应链产生的背景、内涵和结构模型，研究循环供应链管理与协调的内涵、目标和系统模型，概述服务于不同管理目标、协调细分目标的关键活动要素。

1.1　研究背景

中国将提高国家自主贡献力度，采取更加有力的政策和措施，二氧化碳排放力争于 2030 年前达到峰值，努力争取 2060 年前实现碳中和。①

2021 年 10 月 24 日，《中共中央　国务院关于完整准确全面贯彻新发展理念做好碳达峰碳中和工作的意见》提出，要大力推动节能减排，全面推进清洁生产，加快发展循环经济，加强资源综合利用，不断提升绿色低

---

① 习近平在第七十五届联合国大会一般性辩论上的讲话，http://www.xinhuanet.com/politics/leaders/2020 – 09/22/c – 1126527652. htm。

碳发展水平。废旧产品的妥善回收和再利用，能有效地降低资源消耗水平、能源消耗水平和污染排放水平，是实现"双碳"目标的可行方法。同时，《中华人民共和国国民经济和社会发展第十四个五年规划和 2035 年远景目标纲要》特别指出，要"健全强制报废制度和废旧家电、消费电子等耐用消费品回收处理体系""推行生产企业'逆向回收'等模式，建立健全线上线下融合、流向可控的资源回收体系"。①

单个企业的绿色转型虽然能对其节能减排工作产生积极影响，但是，难以确保从原材料采购到产成品输出的产品增值链中的能效水平和环保水平得到全面提升。供应链的各环节相互依存，单一企业的减排努力可能导致碳排放转移而非实质性降低，即碳排放可能会向供应链的其他环节转移，而非在供应链内得到有效降低。因此，要在真正意义上降低碳排放，必须协同供应链上下游企业，共同构建绿色、低碳、循环的供应链体系。这需要各企业之间加强合作，确保从原材料采购、生产制造到产品销售和废旧产品回收再利用的过程都符合绿色发展的要求。构建注重废旧产品回收再利用的循环供应链，完善废旧产品的循环利用体系，是制造企业及其所在供应链实现发展方式绿色转型、降低全供应链碳排放水平的关键举措之一。

当前，中国制造企业在资源利用、能耗控制及废旧资源循环利用等方面仍面临诸多挑战，资源重复利用率偏低、制造过程能耗偏高以及废旧资源循环渠道不畅等问题凸显。特别是在废旧产品的回收环节和再利用环节，存在显著的"双重边际效应"现象。这一现象表现为，供应链上下游企业在追求各自利益最大化过程中，因独立决策导致的各企业效益之和低于集中决策时的供应链整体效益。双重边际效应揭示了废旧产品回收过程中企业个体目标与供应链整体目标不一致的现状，进而制约了废旧产品的回收再利用效率，阻碍了供应链中资源、能源、物流和信息（资源质量传输、能源能量传输、物流动量传输、信息反馈映射，即"三传一反"）全要素的顺畅循环。这不仅与国家构建双循环发展新格局的战略目标相悖，

---

① 中国政府网. 中华人民共和国国民经济和社会发展第十四个五年规划和 2035 年远景目标纲要. https：//www.gov.cn/xinwen/2021 – 03/13/content_5592681. htm. 2021 – 03 – 13.

也难以支撑国家"双碳"目标的实现。

鉴于双重边际效应的存在,迫切需要供应链上下游企业加强协同合作,优化回收再利用业务流程,以构建高效、顺畅的循环供应链。循环供应链协调的研究旨在解决"三传一反"全要素循环不畅的问题,通过降低碳排放和污染排放,提升供应链的整体经济效益、社会效益和环境效益。这不仅符合国家的发展战略和政策导向,也是新质生产力下的新业态和新发展模式的具体体现。通过循环供应链的优化实践,能够更好地满足包括企业和消费者在内的所有制造行业利益相关方的实际需求,推动制造业向绿色、低碳、循环的可持续发展方向迈进。

1.1.1　政府政策支持循环供应链

经济的持续增长推动了制造业产能的不断提升,进而导致废旧产品数量急剧增加,对社会环境治理构成了严峻挑战。然而,废旧产品中也蕴含着丰富的可再循环资源,其妥善回收和再利用不仅能为企业带来可观的利润,而且能有效地降低社会整体资源和能源的消耗水平,具有显著的经济效益、社会效益和环境效益。为了应对这一挑战并充分发挥废旧产品的潜在价值,各国政府纷纷出台相关法律法规,针对高能耗、高污染产品的设计和生产、废旧产品的回收以及可循环资源的再利用等对企业提出明确要求。这些政策旨在推动制造业向更加环保、可持续的方向发展,并促进资源的有效利用和环境保护。在政府政策的支持和管制下,企业开始积极寻求与供应链上下游其他主体展开合作,通过构建循环供应链体系来实现资源的有效利用并降低环境污染。循环供应链体系的建设,旨在打通"三传一反"全要素循环不畅的环节,实现发展方式的绿色转型并提高供应链绿色水平,这不仅有助于企业降低生产成本、提高经济效益,而且能为国家的双循环战略和双碳目标的实现提供有力支持。

第一,市场上产品的供给量(Igl and Kellner,2017)和产品的社会保有量逐年上升,消费品产量等的提升不仅占用了大量自然资源(Savaskan et al.,2004),而且带来了大量废旧产品。产品废弃后的不当处理,也会导致严重的自然环境污染(Yuan and Gao,2010)。废弃产品的资源浪费和环境污染问题对中国的生态文明建设形成了挑战,不利于中国"双碳"目标和联合国 2030 年可持续发展目标（2030 UN SDGs）的实现。在各类消费品中，电子电气废弃产品（waste electrical and electronic equipment, WEEE）带来的资源浪费问题和环境污染问题尤为严重。根据国际电信联盟机构（ITU）发布的《2020 年全球电子废弃物监测报告》（Forti et al., 2020），全球每年平均新增 250 万吨电子电气废弃产品；2019 年，全球产生的电子电气废弃产品达到 5 360 万吨，人均约 7.3 千克；预计到 2030 年，全球电子电气废弃产品年总量将达到 7 470 万吨。在如此巨量的消费品垃圾中，仅有 17.4% 的废弃产品被有效回收。提高废弃产品的回收效率是实现资源循环和企业绿色发展的基础，符合国家生态文明发展战略、双循环战略和"双碳"目标。

第二，废旧产品回收再利用具有显著的环境效益和经济效益，是政府推行环保政策的主要原因。其一，出于提高环境效益的目的，政府要求企业正确地回收和再利用电子电气废弃产品。一方面，未被妥善处理的废弃产品会对环境造成严重污染，例如，2019 年未被妥善处理的 5 360 万吨电子电气废弃产品含有 50 吨汞和 7.1 万吨 BFR 塑料，这些污染物的大部分会被直接释放到环境中，造成环境污染；另一方面，废弃产品回收后的不当处理会带来二次污染。其二，出于提高经济效益的目的，通过回收再利用电子电气废弃产品中有价值的部分，可以创造不同于传统业务的超额利润。具体来说，企业可以在回收后分拣、拆解电子电气废弃产品，并让功能完好的零部件和原物料重新进入产品生产过程，从而降低企业的采购成本和生产成本，废旧产品的妥善回收再利用具有显著的经济效益。

第三，废弃产品回收再利用的环境效益和经济效益促使政府出台政策，以促进企业回收废弃产品并推动当地循环经济的发展。其一，国内相继出台了一系列法律法规，从消费端和制造端两个层面来推动废旧产品的回收和再利用。例如，中国在 2022 年发布的《关于深化电子电器行业管理制度改革的意见》提出，要"支持废弃电子电器产品回收处理行业健康发展"，且要"加强废弃电子电器产品回收处理监管工作"。其二，越来越多的国家开始重视废弃产品回收再利用，并推出不同的环保政策。据统计，2014～2019 年，颁布实施"废弃产品回收处理管控"相关绿色政策的国家数量呈现出显著的增长趋势，从最初的 61 个上升至 78 个（Forti et al.，2020）。

鉴于废旧产品妥善回收与再利用在环境层面和经济层面的双重效益，政府通过实施一系列政策法规对企业行为加以引导和规范，促使企业积极投身于废旧产品的回收处理。在这一政策背景下，企业面临着新的挑战与决策困境。

> 如何从供应链视角出发，构建支持资源循环利用和降低原材料与能源消耗的循环供应链体系？
> 如何有效地打通资源在供应链中循环不畅的"瓶颈"问题？如何实现从原材料到产成品的全流程减碳目标？
> 如何协同供应链的整体利润、企业的经济效益以及社会的环境效益？

为解决这些难题，需要树立循环经济的理念，积极协同供应链上下游企业，优化产品价值增值的所有流程，实现供应链全局优化。通过提高资源、能源、物流和信息的循环利用效率，不仅可以提升供应链的整体绿色水平，而且可以获得更可观的经济效益。最终，这将有助于企业实现减碳目标，推动发展方式的绿色转型。

1.1.2　技术创新赋能循环供应链

过去十年，以物联网、大数据、智能制造、环保材料为代表的新兴技术不断发展，大幅降低了废旧产品回收环节和再利用环节中的技术难度和运营成本，带来了新的企业回收业务模式。新技术的发展催生了新业态和新模式，解决了传统回收业务中成本高、流程繁复、缺乏透明度的问题，大幅降低了供应链上各类企业开展回收业务的门槛，使循环供应链能够实现资源、能源、物流和信息的顺畅循环。新技术在赋能循环供应链的同时，也为供应链上的企业带来了新的决策难题。

第一，在废旧产品回收环节，随着新技术的不断发展和应用，循环供应链的构建门槛显著降低，使回收市场的竞争态势日趋激烈。在此背景下，企业亟须审慎选择适合的供应链主体、设计回收网络，并构建全新的循环供应链体系以应对市场挑战。新技术的赋能使原本距离消费者较远的制造商和第三方回收商，能够通过线上回收平台或自助回收机等创新模式，实现较高的回收率，吸引更多市场参与者加入，加剧回收市场的竞争态势。为了有效地应对回收市场的激烈竞争，供应链核心企业需积极协同供应链上下游各方力量，共同提升回收效率。这要求企业根据不同主体的资源禀赋和能力禀赋进行精准的主体选择，并基于业务流程的协调需求，设计科学合理的回收网络。通过构建新型循环供应链体系，企业能够显著地提升整体回收效率、增强市场竞争力，进而实现利润水平的优化提升。

新技术降低了回收门槛，吸引了更多供应链主体加入回收竞争，企业需要制定合理的主体选择决策和网络设计决策来维持较高的回收率。

第二，在废旧产品再利用环节，新技术催生出新的废旧产品再利用方式，降低了废旧产品污染率，提高了对废旧产品剩余价值的再利用率，增加了循环供应链的整体经济效益。不同回收再利用方式见图 1－1。废旧产品回收后可通过不同的再利用方式实现资源的循环利用（Thierry et al.，1995），具体包括：直接转售（direct resale），即回收后不经过维修而直接将功能受损的产品转售消费者；维修后再售（repair and resale），即通过简单维修以恢复产品基本功能，将仍然存在外观磨损或零部件使用寿命缩短的产品转售消费者；翻新后再售（refurbishing and resale），即用新的外壳和零部件对废旧产品进行深入翻新，使产品的所有功能全部恢复，虽然翻新品的寿命不及新产品，但企业会承担一定售后服务；再制造（remanufacturing），即通过对回收产品进行完全拆解，或是充分替换所有受损的外壳和寿命缩短的零部件，向消费者提供和新产品没有任何差别的再制造产品，或是将功能良好的零部件投入新产品的制造中，以降低新产品的制造成本（Abbey et al.，2015）；以及再循环（recycling），即消除产品和零部件的所有特性和功能，通过物理方式或化学方式从废旧产品中提取可重复使用的原材料，如塑料和金属，并将这部分回收后的原材料投入供应链的上游原材料市场中（Agrawal et al.，2019）。

第三，要实现绿色循环供应链，企业在回收废弃产品之后往往出于技术、当地法规和经济性的考虑，主要通过再制造或再循环两种回收再利用方式（Atasu and Souza，2013），将回收后的废弃产品重新投入循环供应链的正向生产过程中，以实现资源重复利用和环境保护。在回收市场中，回收商对于废弃产品回收再利用方式的选择，影响了循环供应链的回收效率和绿色水平，主要体现在以下两个方面。

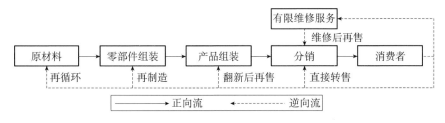

图 1－1　不同回收再利用方式

资料来源：笔者绘制。

第一，不同再利用技术存在技术门槛。不同回收商会选择特定的废弃产品回收再利用方式，制造商具有再制造优势。相较于再循环，再制造虽然会带来更高的经济效益，但是，也存在更高的技术门槛、资金门槛和工艺门槛，往往只有具备一定生产运营优势的制造商可以承担再制造（Debo et al.，2005）。另外，未获得制造商授权的再制造业务可能引起法律纠纷。

第二，不同再利用技术存在效率差异。不同的废弃产品回收再利用方式的资源利用效率不同，再制造具有更高的资源利用率。根据欧盟的定义，废弃产品经过再制造后应该达到全新产品的功能和外观，与新产品无差别地在市场上销售（Sundin et al.，2020）。采用再制造的回收商通常用废弃产品的可用零部件来生产新产品和提供服务，降低产品成本（Abbey et al.，2015）。对应地，采用再循环的回收商会通过从废弃产品中提取贵金属和塑料等原材料获利，或是将这些废弃产品出售给上游供应链来获取一定的补贴（Zou et al.，2016）。再循环过程并未重新再利用功能完好的产品零部件，再循环具有更低的资源利用率和供应链绿色水平（Zhang and Zhang，2018），相比之下，绿色化程度更高的再制造，会带来更高的供应链整体经济利益、供应链绿色水平、社会效益和消费者福利（Hong et al.，2017）。

技术创新为供应链上的各类企业构建循环供应链提供了有力支持，然而，技术的发展同时带来了技术决策方面的挑战。企业在面对不同技术的经济效益、成本考量以及潜在的技术壁垒时，需要解决一系列新的决策难题。

➢供应链核心企业应该外包回收业务还是自己承担？如果外包回收业务，是该选择哪些供应链主体来组建循环供应链？

➢该如何设计合适的回收网络来覆盖更大的回收市场？如何提高供应链的整体竞争力？

➢如何协调不同供应链主体的目标？如何协调不同循环供应链主体的业务以实现整体效益最大化？

为解决这些难题，需要深入识别供应链上下游企业的资源禀赋和能力禀赋，以提高回收竞争力和回收效率为导向，选择合适的供应链主体并构建回收网络。通过重构循环供应链体系，充分发挥技术创新所带来的更高的回收效率和再利用效率，从而实现整体效益最大化。

1.1.3　现实需求推动循环供应链发展

在产品供过于求的市场环境下，消费者的需求结构正经历着深刻的变革：消费者不再满足于单一产品的基本功能，而是追求产品种类的丰富性、个性化的定制以及交货期的精准性。相应地，企业的核心竞争要素也从成本控制逐渐转向提供卓越的服务体验。这一转变不仅体现在传统的正向供应链中，也逐步渗透到逆向供应链领域。在逆向供应链中，消费者返还废旧产品的行为受到多种因素的影响。除了回收商提供的经济激励外，环保广告宣传、政府环保教育以及回收服务的便利程度等因素也发挥着日益重要的作用。这种消费者需求的转变，为企业带来了业务模式转型、升级的迫切压力。在回收业务中，传统的基于回收补贴、以旧换新/以旧换再等经济激励手段的效果逐步减弱，其边际效益呈现递减趋势。为应对市场变化，企业亟须创新回收服务模式，确保资源、能源、物流和信息的顺畅循环。

第一，在消费者层面，回收渠道便利水平作为市场上新的核心竞争要素（Wagner，2011），体现了各个回收商的服务能力，影响了消费者返还废弃产品的意愿（消费者返还意愿）（Yau，2010），最终，决定了废弃产品的回收效率和回收市场的竞争结构。为提高消费者返还废旧产品的意愿，回收商的主要激励方式（即回收市场核心竞争要素）呈现从环保宣传

(Savaskan et al. , 2004）到经济激励（Yau，2010），再到回收服务（He et al. , 2019）的演进路径；当下，虽然经济激励仍会影响消费者返还意愿，但是，在回收市场趋于完全竞争的环境下，回收商提供的经济激励逐渐趋同，很难被视为决定消费者返还意愿的核心竞争要素。相关实证研究表明，重视回收服务的消费者的占比从 2011 年的 28.1%（Wagner，2011）提高到 2021 年的 40%（Slavík et al. , 2021）。越来越多的废旧产品开始流向能提供更加便利的回收服务的回收商手中，对原有的逆向供应链体系产生了负面影响。因此，需要企业和供应链从全主体、全流程的角度出发，构建整合的循环供应链体系，在实现成本优化的背景下，不断提高回收服务的便利水平，保证废旧产品回收率的稳定性，由此实现循环供应链的经济效益目标、社会效益目标和环境效益目标。

第二，在回收企业层面，基于消费者对于便利回收服务的需求（Domina and Koch，2002），以制造商、零售商和第三方回收商为代表的传统回收商纷纷开始提高回收渠道投资，以响应消费者需求转变、维持市场竞争优势并提高利润水平。现阶段，废弃产品回收和回收渠道便利水平的重要性得到了企业的认可，基于回收服务的回收效率直接影响了企业的绿色水平和利润水平，企业如果试图继续提高其在回收市场的竞争力和经济效益，势必需要从回收服务出发来设计循环供应链体系，通过结合不同企业的资源禀赋和能力禀赋协调供应链各主体，根据市场特征和消费者特征设计合理的回收渠道网络，以实现供应链的全局优化和回收效率最大化，保障资源、能源、物流和信息的稳定和流畅。

第三，其他利益相关方，如政府、非政府组织（non-governmental organizations，NGO）的现实需求不断演变，进一步推动回收企业从传统的逆向供应链转为构建完整的循环供应链体系。例如，政府对于碳排放、污染物排放的控制从对单一企业的环保要求，演变为对于产品增值全过程的管理，以"碳足迹"为代表的新兴企业和供应链绿色运营认证体系成为重点关注对象，企业需要构建完整的废旧产品回收和再利用体系来满足政府政策提出的发展要求。例如，在国务院《2030 年前碳达峰行动方案》的指导下，2022 年 10 月，深圳市印发《创建粤港澳大湾区碳足迹标识认证 推动绿色低碳发展的工作方案（2023～2025）》，率先推出碳足迹标识认证体系。再如，非政府组织（NGO）基于当地和互联网对于环保、生产安全和资源循环等主题的关注，持续多年自发监督企业运营活动，不仅对企业主营业务进行全方位监督，而且对核心企业上下游的污染和碳排放问题进行监督。

消费者现实需求的转变，对传统废旧产品回收体系造成冲击，降低了传统经济激励方式在吸引消费者返还产品方面的效率。在这一背景下，企业面临传统逆向供应链转型、构建完善循环供应链体系及提高回收服务能力的迫切需求。同时，政府、NGO 等其他利益相关方的需求转变进一步加剧了企业转型升级的紧迫性。因此，企业面临识别消费者回收服务需求、权衡回收服务的成本与收益以及构建循环供应链体系的决策难题。

> 如何识别当下消费者对于回收服务的现实需求，及其对于市场回收竞争、企业回收效率和供应链整体回收效益的影响机理？
> 企业如何权衡回收服务的成本和收益，以制定最优的回收服务策略并实现回收效率最大化？
> 企业如何构建循环供应链体系以合理配置不同的回收业务和再利用业务，以实现资源和能力的最大化利用，并提高供应链的整体绿色水平？

要解决这些难题，需要企业充分挖掘回收服务对于消费者返还废旧产品行为的作用机制，分析消费者效用的关键影响因素及其影响机理，明确回收服务和回收效益的相关关系，识别不同回收体系的效率、收益和绿色水平的差异，通过构建具有竞争力的循环供应链体系匹配消费者和所有利益相关方的现实需求。

1.2　循环供应链

1.2.1　循环供应链定义

供应链是围绕核心企业，通过对信息流、物流、资金流、工作流的控制，从采购原材料开始制成中间产品以及最终产品，最后，由销售网络把产品送到消费者手中，将供应商、制造商、分销商、零售商，直到最终用户连成一个整体的多功能网链。20 世纪 90 年代以来，生产力和经济的发展使产品的供给逐渐大于需求，推动市场从卖方市场转为买方市场，消费者对于产品的更新频率、品种数量、交货期、个性化等的要求越来越高，企业面临严峻的竞争压力。为了应对市场竞争压力，企业开始将非核心业务外包，集中内部资源和能力发展其核心竞争能力，从原先"纵向一体化"的发展战略转向"横向一体化"，专业化分工从企业内部扩展到企业之间。同时，业务外包也带来大量一次性交易过程，带来了高昂的交易成本；为了控制交易成本，企业开始选择信任的外包企业开展重复交易，通过建立交易双方的信任进而降低交易成本，从而形成合作联盟；大量合作联盟共同组成了供应链。

循环供应链（circular supply chain，CSC）是指，以实现资源、能源、物流和信息顺畅循环，减少碳排放、环境污染和资源消耗为目标，包含供应链开闭环所有企业，从产品设计、生产、销售再到回收废弃产品后进行再利用的全业务流程的多功能网链。

循环供应链的具体内涵，涵盖了多个关键维度。第一，循环供应链是一个涵盖从原材料到产成品，再到废旧产品回收的完整闭环系统，涉及所有节点企业及其业务流程。这一过程不仅聚焦于产品的"价值增值—价值消费"，更延伸至"价值回收再利用"，旨在为消费者提供所需产品的同时，有效地回收废旧产品，实现资源的循环利用。第二，循环供应链的核心特征在于环境友好性。通过资源、能源、物流和信息的高效循环，循环供应链致力于减少碳排放和环境污染，充分利用废旧产品的残值，减少因重复制造而产生的污染，提高资源和能源的使用效率，并最大限度地减少全过程中的浪费。第三，循环供应链的高效运作依赖于所有企业运营目标的协同。这需要对供应链的正向活动和逆向活动进行充分协调，确保在设计、生产、销售、回收再利用等各个环节实现供应链的绿色发展。通过优化供应链体系，循环供应链能够实现"三传一反"全要素的顺畅循环，从而推动供应链的可持续发展。

循环供应链是在循环经济视角下可持续运营的创新发展。首先，学者于 2013 年在《科学》（Science）杂志上发表的文章中指出，循环经济的定义包括两个主要方面：一方面，循环经济是聚焦于资源流与能源流的闭环工业系统，旨在最终实现长期可持续发展；另一方面，循环经济集成了政府政策和企业战略，更好地提高资源、能源和水的使用效率，同时，最小化废物排放（Geng et al.，2013）。其次，可持续运营包括内外部两个层面的战略：内部战略包括投资于制造过程中回收造成污染的化学品的能力，开发不可再生投入的替代品，以及重新设计产品以减少其材料含量和制造与使用过程中的能源消耗；外部战略包括，发展产品、流程和供应链的核心能力，以实现长期可持续性，并寻求促进可持续发展的战略（Kleindorfer et al.，2005）。因此，循环经济视角下的可持续运营，更加重视资源、能源的循环和减少消耗，是可持续运营外部战略的主要体现；供应链作为可持续运营管理的重要研究目标，与可持续运营的外部战略紧密结合；循环供应链作为循环经济和可持续运营的交叉，基于循环视角是企业减少污染、减少能源和资源消耗的外部战略的主要实现路径。

其他学者也对循环供应链的定义进行了充分研究，从不同视角提出了不同定义。循环供应链是指闭环供应链（closed-loop supply chain），即将逆向物流纳入供应链管理框架内，强调供应链的构建不仅要考虑逆向流，而且应该将逆向流与前向流进行集成，形成封闭循环的链（王长琼，2008）。循环供应链管理是将循环思维整合到供应链及其周边工业和自然生态系统的管理模式，通过对从产品/服务的设计环节到报废及废物管理环节的所有商业模式和供应链功能的全面创新，系统性地开发回收技术材料和可再生生物材料以实现零废物的愿景，涉及产品/服务全生命周期中的所有利益相关方，包括零件/产品制造商、服务提供商、消费者和用户（Farooque et al.，2019）。朱庆华（2021）基于法鲁克等的理论，提出了循环供应链的价值创造模式和具体治理的指标框架。相比之下，本书提出的循环供应链的定义，更加偏向于对于主体的协同和对于流程的协调，注重通过"三传一反"全要素的有效循环来实现降碳、降污染的目标。

1.2.2　循环供应链特征

循环供应链的特征可概括为以下四点。

第一，循环供应链受现实需求驱动，其核心在于，提升资源和能源的循环利用率。随着消费者对环境友好、低碳产品和低污染产品的偏好日益增强，供应链管理正逐步向绿色化、可持续化转变。在传统基于回收经济激励的逆向供应链基础上，消费者对回收服务的感知进一步推动了回收企业构建循环供应链体系，该体系旨在满足消费者和利益相关方需求的同时，实现成本最小化与废旧产品回收效率最大化的双重目标，进而促进供应链资源和能源流的顺畅循环。

第二，循环供应链是一个需要协调复杂业务流程的网络，致力于在产品生命周期的各个阶段减少碳排放和污染排放。为实现供应链绿色水平的整体提升，必须从原材料采购、产品生产、产品销售到废旧产品回收再利用的全过程进行减碳和减污染。仅关注供应链内的某一环节或某一流程并不能实现绿色水平的整体提高，反而可能导致碳排放和污染排放在供应链内部转移。因此，循环供应链的复杂性，体现在其要求所有主体进行绿色转型，涉及众多业务流程，而物流和信息流的顺畅循环则是保障这一复杂网络稳定运营的关键。

第三，循环供应链具有动态网络的特性，其主体选择和网络设计会根据回收市场、回收技术背景的变化而调整。随着回收再利用市场的成熟，废旧产品回收和再利用的门槛逐渐降低，更多企业将进入回收市场，传统的回收市场竞争格局将随之改变。这要求循环供应链的核心企业根据市场变化选择合适的供应链主体以维持竞争力，并根据战略目标优化供应链动态网络。同时，新技术的不断涌现，将改变废旧产品的再利用方式和回收网络，进一步推动循环供应链的动态发展。

第四，循环供应链是一个由多方利益相关者组成的价值共同体，需要协调和合理分配不同主体的目标、成本与利润。循环供应链涉及流程复杂、参与主体众多，价值增值机制也更为复杂。为实现供应链价值增值，需要合理共担价值增值活动的成本并合理分配利润增值。这需要各方主体的协同合作，以实现循环供应链内部各主体的帕累托最优，从而保障循环供应链的稳健性，在满足市场需求的同时，降低全供应链的污染能耗和资源消耗。

1.2.3　循环供应链结构模型

图 1-2 是循环供应链结构模型，主要包含循环供应链的主要组成主

体、正/逆向关键业务流程，以及需要顺畅循环的资源流、能源流、物流和信息流。

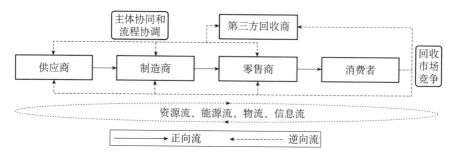

图 1 - 2　循环供应链结构模型

资料来源：笔者绘制。

第一，从需要协同的主体来看，包含了制造商（manufacturer）（Xiao，2017）、零售商（retailer）（Abbey et al.，2015）、第三方回收商（third-party collector）（Huang et al.，2019）、消费者（customer）（Xiao and Zhou，2020）和供应商（supplier）（Ha et al.，2022）。其中，供应商承担供应新产品原材料、废旧产品的回收业务和再循环业务，制造商可以承担新产品的制造、废旧产品的回收和再制造业务，零售商可以承担新产品的分销和废旧产品的回收业务和转售业务，第三方回收商可以承担废旧产品的回收业务和再循环业务。此外，消费者作为循环供应链的重要组成部分，既承担了产品价值的交换功能和消费功能，也影响了废旧产品的返还决策，直接决定了新产品销售的经济效益和废旧产品回收效益。

第二，从需要协调的业务流程来看，主要包含正向和逆向两大类。在正向流中，包括制造商从供应商处采购原材料和零部件用于制造新产品，新产品从制造商批发给零售商，零售商将新产品分销给消费者；循环供应链中的正向流，负责向市场输送新产品，是资源和能源循环的起始点和基础。在逆向流中，供应链各主体在市场内向消费者提出回收废旧产品的要约，消费者根据回收的经济激励和服务水平选择特定的回收商，不同的供应链主体在回收市场中形成竞争；与此同时，回收后的废旧产品也可能在不同的供应链主体之间流转，如零售商可以将回收后的产品批发给制造商或是第三方回收商，存在对回收后的废旧产品进行合作处理的业务模式。

第三，资源流、能源流、物流和信息流在循环供应链内实现了完整的循环过程。通过再利用废旧产品，可以有效地降低制造商对于原材料和新零部件的需求，达到资源循环和能源循环的目的，有效地降低了对于资源和能源的消耗，同时，有效地缓解了制造过程中的碳排放、污染排放。在产品循环过程中，物流是循环顺利的基础，信息是循环顺畅的保障：通过构建覆盖面广、消费者接触度高、效率高和成本低的逆向物流网络，并协同正向物流网络实现废旧产品的再利用，循环供应链才能真正循环，目前，很多回收企业开发的线上回收、零售店铺回收等模式都是为了实现物流的有效循环；为了提高制造效率，降低采购成本和库存成本，循环供应链的高效运营也依赖于信息流的顺畅循环，通过实现废旧产品的追踪和预测，可以精准地制订生产计划和采购计划，以更低的成本实现废旧产品的高效再利用。

1.3　循环供应链协调

1.3.1　循环供应链管理与协调定义

在企业间重复交易的驱动下，供应链管理（supply chain management，SCM）是在满足产品服务需求的同时，为了使系统成本最小而采用的把供应商、制造商、分销商、运输商、仓储商和顾客有效地结合为一体来生产商品和提供服务，并在正确的时间把正确数量的商品和服务配送到正确地点的一套方法。传统的供应链管理要实现服务水平提高和成本优化，强调主体间通过合作建立价值共同体，强调利润共享与风险共担，依赖战略管理与整体优化，注重物流、信息流、资金流、工作流的集成。

循环供应链管理与协调（circular supply chain management and coordination，CSCMC）是在以最小成本满足消费者需求的前提下，为降低碳排放和污染排放、提高资源和能源的利用效率，借助协调机制以实现供应商、制造商、零售商、第三方回收商和顾客等行为主体的合作，通过业务流程的融合以实现供应链上包括采购、设计、制造/再制造、物流、服务、回收等各种活动在内的正/逆向业务流程的协同，进而实现资源流、能源流、物流和信息流顺畅循环的计划、组织、领导和控制的理论、机制与方法。

　　循环供应链管理与协调，既是对供应链内各行为主体的管理，要求各决策主体通过制定合理的产品制造策略、定价策略、服务策略和回收策略来降低碳排放和污染排放，同时，要求基于流程视角对供应链各行为主体进行协调，实现从原材料到产成品再到回收废旧产品全流程的协调管理，循环供应链协调是循环供应链管理的重要组成部分。

1.3.2　循环供应链管理与协调特征

　　循环供应链管理与协调的特征，可概括为以下三点。

　　第一，循环供应链管理与协调的核心在于，实现整体层面的降碳目标和降污染目标。为实现产品全生命周期的低碳和低污染，必须将循环供应链内的各参与企业视为一个有机整体，确保所有供应链主体参与资源、能源、物流和信息等全要素的循环业务流程。根据不同主体的资源、技术和能力的特点，采用适宜的废旧产品再利用方式，以实现采购、生产、回收等各个环节的低碳目标和低污染目标。同时，应避免碳排放和碳污染在供应链内部转移，追求供应链在回收效率、资源再利用效率和绿色水平等方面的显著提升。

　　第二，循环供应链管理与协调强调主体间的协同合作、流程协调以及战略联盟的构建。为提升循环供应链的整体绿色水平，需协同所有利益相关方并协调不同主体间的业务流程。通过构建战略联盟建立合作机制和价值共同体，实现利润增值共享与风险共担。这有助于激励供应链内各主体将个体目标向整体目标靠近，降低正/逆向供应链的双重边际效应对整体回收效率、资源再利用效率和绿色水平的负面影响，从而实现经济效益、社会效益和环境效益的协同提升。

　　第三，循环供应链管理的关键在于，实现资源流、能源流、物流和信息流等全要素的集成与循环。这些要素的顺畅循环，是循环供应链高效运营的重要标志。任何供应链环节的低效率都可能导致整体流的阻塞，因此，需要对供应链进行全局优化，而非仅关注个体环节。此外，资源、能源、物流和信息等要素的循环是相互依赖、相互支撑的。要实现资源和能源的顺畅循环，必须构建完善的逆向物流体系，并实现正向物流与逆向物流的紧密配合。同时，市场需求信息的有效传递，有助于降低供应链成员的预测误差，进而提升资源和能源的高效循环利用。

1.4　循环供应链协调的主要内容

1.4.1　循环供应链协调系统模型

如图 1 - 3 所示，循环供应链管理与协调系统模型主要包括五方面：循环供应链管理与协调、总目标、三重底线、行为主体和活动要素。

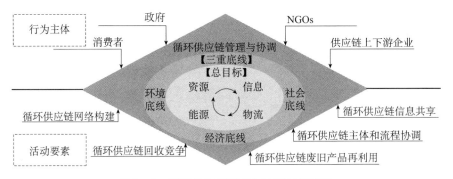

图 1 - 3　循环供应链管理与协调系统模型

资料来源：笔者绘制。

1.4.2　循环供应链协调的目标

循环供应链协调的总目标是，通过有效协同开环供应链下各利益相关方，降低碳排放与环境污染，提高供应链满足现实绿色发展需求的能力，协同供应链的经济效益、社会效益与环境效益，实现资源、能源、物流和信息的全要素有效循环。在总体目标要求下，循环供应链管理可以细分为五类具体的管理目标。

（1）构建循环供应链正逆向体系。

选择合适的供应链个体并设计合理的供应链网络，是构建循环供应链的基础，直接决定了供应链的回收效率和废旧产品再利用效率。核心供应链企业应该根据自身的优势和劣势，以提高回收率、回收服务能力、回收竞争力和资源利用率为导向，选择具有不同技术、能力和资源禀赋的供应链个体来组建循环供应链。同时，应该根据市场的特征、处理废旧产品的环保要求和选择的技术策略，设计供应链网络结构以最大化回收市场覆盖面、优化多层次的废旧产品处理体系并提高循环供应链的整体绿色水平。

（2）应对循环供应链的回收竞争。

废旧产品回收再利用的经济效益、社会效益和环境效益，吸引不同供应链主体参与回收市场，提高了回收竞争强度，对提高回收商回收效率、资源再利用效率和"三传一反"全要素循环效率形成挑战。为了保障客观的废旧产品回收量，不同的回收企业及其所在的循环供应链需要集中优势能力和优势资源，通过提高经济激励水平或回收服务水平来吸引异质性消费者选择特定的回收渠道。同时，回收企业还需要明确不同的市场、消费者以及所在行业的特征性外生变量对于服务决策的影响机理，根据企业的发展战略和竞争战略来设计具有竞争力的市场策略，以提高资源和能源的有效循环水平。

（3）再利用废旧产品实现零废物。

废旧产品的回收再利用涉及技术门槛不同、资源利用率不同和收益机制不同的再利用技术，不同的回收商通常会根据自身能力、技术选用不同的再利用技术，对循环供应链的整体回收效率和绿色水平产生影响。需要根据不同的循环供应链体系和网络，选择一种或多种合理的废旧产品再利用技术，并让废旧产品在循环供应链内更合理地再利用和运转，最终实现再制造和再循环等不同再利用技术的相互配合，在最大化利用不同企业能力下共同提高产品的回收效率和再利用水平，并根据不同的绿色发展目标进行灵活挑战，以提高资源和能源的循环效率。

（4）协调循环供应链主体和流程。

无论是构建稳健的循环供应链体系，集中优势能力应对回收挑战，还是设计循环供应链内部的合理废旧产品转移机制，都需要协同循环供应链内所有成员的目标、协调正逆向所有业务流程，依赖于有效的供应链协调机制。循环供应链核心企业需要根据自身的优势能力，选择合适的供应链成员，并通过设计供应链契约、技术授权等协调机制使供应链内所有成员实现帕累托最优，由此保障循环供应链运营的稳健性，提高供应链内所有成员的利润水平，提高供应链上所有业务流程的运营效率，并最终实现供应链整体经济效益和绿色水平的提高，实现"三传一反"的顺畅循环。

（5）实现循环供应链的信息共享。

类似于传统全渠道正向供应链中并非所有供应链成员都可以从市场上直接获得需求信息，循环供应链的信息传递也存在不对称的问题，可能会导致信息传递后端企业产生决策失误，由此降低全供应链的整体效益。需要识别信息在正向供应链中和逆向供应链中的流动规律，明确信息流动过程中可能存在的堵塞问题和低效问题，探究不同问题的成因和相关外生因素的影响机理，设计合理的信息共享机制来实现各类信息的循环流动，保障循环供应链内各企业间的整合效率，提高不同成员的沟通效率以尽可能地降低"双重边际效应"的负面影响，服务于提高循环供应链中资源流、能源流和物流的循环效率。

1.4.3　循环供应链协调的三重底线

循环供应链的三重底线（three bottom lines）是指，要实现经济效益、社会效益和环境效益的协同，是"三传一反"全要素顺畅循环的结果。其一，经济底线主要体现在通过循环供应链内各企业间构建高效流畅的"三传一反"全要素循环网络，实现所有行为主体的协同和所有业务流程的协调，最终实现生产效率、利润水平的提高；其二，环境底线主要体现在以循环供应链核心企业所承诺的保护环境的愿景和目标为导向，通过有效竞争实现回收产品数量最大化，通过合理业务配置实现资源、能源再利用效率的最大化，以实现产品从原材料到产成品再到废旧产品重新利用全过程的环境改善，既包括了二氧化碳和其他污染排放量的降低，也包括了原材料消耗水平的降低；其三，社会底线主要体现在企业对于社会其他利益相关方的责任，循环供应链有效管理的结果既要保证所有循环供应链上下游企业效益的提高，又要关注政府、NGO 关心的社会和环境改善等目标，还要实现消费者效益的提高，因此，循环供应链的协调是复杂的、多主体协同的。循环供应链核心企业在进行循环供应链的管理和协调时，必须履行上述三个领域的目标和责任，这就是企业社会责任等研究领域提出的三重底线理论。

1.4.4　循环供应链协调的行为主体

供应链上下游企业是循环供应链管理与协调的直接对象，是循环供应链核心企业所关注的行为主体，会对核心企业的三重底线目标和责任实现情况产生直接影响。产品从最上游的原材料采购，到零部件制造、产成品组装和供应链下游铺货，再到消费者使用产品后对废旧产品进行回收，所有环节都涉及资源、能源的消耗以及二氧化碳等污染物排放问题。终端产品或终端服务对环境的损害会负面影响全供应链内所有企业的经济效益和社会声誉，要实现供应链整体"三传一反"全要素的有效循环，需要核心企业联动上下游所有企业开展协同合作。通过根据不同企业的资源禀赋和能力禀赋分配业务和共享信息，以赋能不同的企业实现全业务运营模式的绿色创新；通过构建具有市场竞争力和更大市场覆盖面的回收供应链网络，以保障资源和能源的有效循环，通过设计有效的协调机制来实现合理的利润分配，以督促其他企业主动进行绿色转型。

消费者是供应链的重要组成部分，但在循环供应链中，消费者作为资源循环、能源循环和信息循环的中间环节而非终端环节具有更加重要的作用，是循环供应链管理与协调的关键行为主体。供给需要实现和需求的精准匹配，所有供应链管理及改善活动的目标都是要更好地满足消费者需求，从而形成或是从上游向下游计划性推动的单向流，或是从下游向上游精益性拉动的单向流，产品的终端在消费者环节，企业不用关注废旧产品的流向。而在循环供应链内，供应链上下游企业将消费者手中的废旧产品视为可以支持产品制造和服务运营的待利用资源、能源，需要在产品的全生命周期内和消费者建立稳定关系，以此保障产品的有效回收。此时，消费者从传统的产品消费终端转变为产品价值的消费环节，并延伸回收环节到供应链，使废旧产品中曾经投入的资源和能源能够再次在"供应链—消费者"中循环。

政府、NGO 是对循环供应链管理与协调产生显著影响的行为主体，相关的行为、规制、奖惩和监督会驱动循环供应链的开发、运营和改善，引导循环供应链上下游企业开展废旧产品的协同回收和再利用，激励消费者主动融入资源和能源的循环过程中。在政府、NGO 的要求下，企业开展循环供应链的管理、协调工作会更具目的性，或是更注重提高废旧产品回收率以降低消费端的环境污染，或是更注重采用更高效率、更环保的再利用技术以提高资源和能源的再利用效率，或是两方面兼顾并通过提供合理的补贴和奖励实现回收率和再利用效率的协同。循环供应链管理和协调的目标是实现"三传一反"全要素循环，存在不同的循环效率提升路径，而政府、NGO 则会根据区域发展特征、民众核心诉求和社会发展趋势对当地供应链的循环发展方向提出要求，影响供应链核心企业的管理决策和协调决策。

1.4.5 循环供应链协调的关键活动要素

从运营管理的不同常规职能角度来看，循环供应链管理和协调的主要内容包括产品或服务设计决策、外包或自制决策、生产决策、物流决策、消费者行为与决策，以及废旧产品管理决策（朱庆华，2021）。第一，产品或服务的设计需要基于全要素循环的理念，采取全面、系统的方法对零部件和组装工艺设计决策、可拆解和模块化设计等方面进行创新，以降低循环供应链废旧产品的再利用成本和工艺难度；第二，循环供应链管理要求采购的原材料具有绿色环保特征，并能够从技术上可再生和可再利用，以最大限度地降低原材料端对环境产生的负面影响，并为了应对供应中断风险，提高供应链弹性和供应链韧性以保障全要素循环畅通；第三，循环供应链管理和协调的重要性在生产过程中更明显，通过实现全要素循环以显著降低生产过程中对于原材料和零部件的消耗，进而降低对资源和能源的消耗、降低二氧化碳等污染排放；第四，循环供应链体系下的物流决策更加重视提高物流的配送效率并减少浪费，通过集中正向物流需求和逆向物流需求来提高物流效率，由此降低物流活动对于能源的需求以及对于环境的污染；第五，消费者采购新产品和返还废旧产品的行为与决策直接决定了正向市场和逆向市场的结构，决定了循环供应链整体回收再利用的最大效率，因此，在传统的正向市场之外，循环供应链上面向市场的环节需要更加重视对于逆向市场的营销；第六，采用合理的再利用技术对废弃物进行妥善处置是循环供应链管理与协调的重要环节，最终，实现循环供应链全要素循环的目标。

这些循环供应链管理和协调的内容共同支撑了总目标的实现，但具体到五类细分目标中，企业仍面临绿色发展的决策难题，供应链的整体回收效率和绿色水平的提升仍然存在许多挑战，全要素的顺畅循环仍然需要处理很多堵塞的环节；业界需要解决以下一系列问题。

➤ 该选择哪些企业来组建循环供应链，如何设计循环效率和竞争力更高的循环供应链网络？

➤ 循环供应链如何应对产品销售和回收竞争以提高回收率和全循环供应链的回收效益？

➤ 如何合理应用不同的再利用方式（再循环、再制造）来提高全循环供应链的资源和能源循环效率？

➤ 如何设计合理的协调机制来协同循环供应链的不同主体，以实现各主体的帕累托最优和供应链联盟的稳健性？

➤ 如何设计合理的共享机制来实现循环供应链正向信息和逆向信息的顺畅循环，以降低各主体的决策风险？

本书为解决这五个问题，实现循环供应链管理与协调的五类细分目标及总体目标，从网络构建、回收竞争、废旧产品再利用、供应链协调和信息共享五个方面出发，以现实问题为导向开展研究，包含以下五类关键活动要素。

（1）循环供应链网络构建。

废旧产品的再利用在经济层面、社会层面和环境层面展现出的多重效益，正吸引越来越多的回收商参与回收市场。在循环供应链构建中，核心回收商（通常为制造商）扮演着至关重要的角色，不仅需要选择与多方回收商（如零售商和第三方回收商）建立合作关系，共同开展废旧产品的回收与再利用工作，还需要依托自身及其成员的资源优势、技术能力和业务专长构建合理的循环供应链网络。与此同时，核心回收商还应积极寻求与不同供应链主体之间的深度合作，通过构建供应链联盟进一步降低交易成本，缓解双重边际效应，从而显著提升循环供应链的整体回收效率和市场竞争力。这种深度合作不仅有助于实现资源的最优配置，提高废旧产品的回收利用率，而且，能通过信息共享机制、风险共担机制和利益共享机制，增强供应链的协同性和韧性，推动循环经济的持续发展。

（2）循环供应链回收竞争。

在开展合作以构建联盟之外，循环供应链的核心回收商可能面临着多方回收竞争者的压力，其中，既包括传统的回收商（其他制造商、零售商）带来的威胁，也包括新进入循环供应链的回收商（第三方回收商）带来的挑战。为提高回收竞争力，回收商需要明确回收竞争对回收市场和循环供应链正向渠道的影响，需要在竞争环境中制定最优定价决策和竞争战略。不同于以往较为简单的市场竞争结构（如，仅考虑正向竞争或是仅考虑简单回收竞争的情景），具有不同供应链功能的制造商、零售商和第三方回收商之间的混合回收竞争提高了供应链主体的决策难度。此外，消费者行为和消费者意愿的改变也提高了回收企业应对回收竞争的难度。不同回收商提供的经济激励逐渐趋同，回收市场的核心竞争因素逐渐从价格因素演变为服务因素，消费者返还意愿受到回收渠道便利水平高低的影响。

（3）循环供应链废旧产品再利用。

要实现绿色循环供应链，企业在回收废弃产品之后还应该出于技术、当地法规和经济性的考虑，通过再制造或再循环等废弃产品再利用方式，将回收后的废弃产品重新投入循环供应链的正向生产过程中，以实现资源重复利用和环境保护的目的。在回收市场中，废弃产品回收再利用方式影响了循环供应链的回收效率和绿色水平，主要体现在两方面：再制造方式具有更高的资源利用率、经济利益和绿色水平，但也要求回收商具备更高的产品设计、生产、回收和再利用的能力；再循环对回收商的资金和技术要求更低，但没有和再制造类似的资源利用率，因此，再循环的绿色水平更低。不同的回收商会根据能力选择不同的再利用方式，拥有技术、资金和工艺优势的制造商会选择再制造。

（4）循环供应链主体和流程协调。

在混合回收竞争、不同再利用方式和消费者行为三类因素交叉作用的影响下，作为循环供应链核心组成的各个回收商面临更大的协调难题。首先，在混合回收市场中，多回收渠道会改变消费者返还废旧产品的行为，原因在于，消费者返还废旧产品的行为会直接决定回收竞争的市场结构，多主体竞争会导致市场竞争加剧且多主体之间难以协同；其次，多回收渠道意味着多种废旧产品的再利用方式，回收竞争的结果直接决定了不同处理方式为供应链带来的绿色水平高低，为了提高供应链的整体绿色水平，需要对多主体的废旧产品处理业务流程进行协调，让具有渠道、信息、再利用等禀赋的供应链主体专注于核心竞争优势，无疑提高了协调难度。因此，需要对混合回收竞争中的各个主体和业务流程进行协调，以降低无效竞争带来的资源、能源浪费。

（5）循环供应链信息共享。

不同于传统的正向供应链信息模型，废旧产品回收过程因涉及多主体、多供应链网络结构和多回收模型，废旧产品信息的共享面临决策主体多和信息维度复杂的问题。首先，传统产品销售的供应链网络中，产品信息往往集中于距离市场最近的零售渠道中，信息的传递呈现逐级放大的过程；而循环供应链中的信息，既包括新产品的生产信息、分销信息和需求信息，也包括废旧产品的回收信息和再利用信息，而且，回收渠道的复杂性使废旧产品信息的来源更广、结构更多元，对于循环供应链核心企业来说进行信息共享的难度更大。其次，循环供应链的信息共享受到供应链整合和网络结构的影响，不同的回收联盟或是供应链渠道选择下，信息共享的水平和信息流动的顺畅程度不同，这需要循环供应链核心企业在构建供应链网络或是整合供应链之初就要考虑信息共享问题，并设计有效的协调策略来保障信息共享的稳健性。

1.5　本章小结

为有效地降低资源、能源消耗，减少二氧化碳等污染物的排放，政府政策导向、新兴科技应用以及现实发展需求共同催生了循环供应链的发展。本章旨在概述循环供应链及其管理与协调的核心理念。首先，详细阐述了循环供应链产生的政策环境、技术支撑和市场需求背景，提出基于资源流、能源流、物流和信息流有效循环的循环供应链定义，并深入剖析循环供应链的关键特性与结构模型。其次，提出循环供应链管理与协调的明确定义与特性，并构建循环供应链系统模型，确立循环供应链管理与协调的总体目标和具体目标；在此基础上，分析循环供应链管理的三重底线，并识别行为主体及其角色。最后，根据五类具体目标，详细阐述循环供应链的具体活动要素，包括构建循环供应链正逆向体系、应对回收竞争、再利用废旧产品、协调主体和流程以及实现信息共享，并分析这些活动要素如何具体支持实现循环供应链管理与协调的总目标。

第 2 章　相关研究综述

从 20 世纪 90 年代开始，随着资源集约和环境保护观念逐渐深入人心，学术界在正向供应链（forward supply chain）研究（Buurman，2002）的基础上，开始了逆向供应链（reverse supply chain）运营模式的探索。此后，有文献整合了正向供应链和逆向供应链的研究框架，在 2003 年提出闭环供应链的理论概念（Guide and Wassenhove，2003），即通过逆向物流提供废弃产品回收服务，实现了从采购到销售的供应链循环经济，减少了污染排放和原材料浪费，提升了供应链绿色水平（Guide et al.，2003）。有文献在 2019 年提出，循环供应链管理是将循环思维整合到供应链及其周边工业和自然生态系统管理中的管理模式，通过对从产品/服务的设计环节到报废及废物管理环节的所有商业模式和供应链功能的全面创新，系统地恢复技术材料和可再生生物材料以实现零废物的愿景（Farooque et al.，2019）。有文献从循环经济和绿色供应链角度出发，进一步细化了循环供应链的概念（朱庆华，2021）。

循环供应链包含产品和服务的设计、采购、生产、物流、消费和废弃物管理的全过程（Guide Jr and Van Wassenhove，2009），涉及供应链链条上各个行为主体，包括零部件和产品制造商、服务提供商、消费者和用户。同时，不同行为主体在决策动机（Savaskan and Van Wassenhove，2006）、环保偏好（Panda，2014）、技术水平（Debo et al.，2005）以及管理水平（Choi et al.，2013）等方面的差别，造成了主体之间的矛盾和竞争（Toyasaki et al.，2011），形成显著的双重边际效应。本书将针对循环供应链下的回收竞争、生产再制造和信息共享与协调的问题，研究消费者返还意愿的经济影响因素和非经济影响因素。本书研究的问题主要涉及五个研究方向，循环供应链回收渠道、废旧产品回收竞争、废旧产品不同再利用方式、供应链协调机制和供应链信息共享。

2.1　循环供应链回收渠道

2.1.1　不同回收渠道的消费者偏好

不同的消费者返还意愿受到不同因素的影响（Iyer and Kashyap，2007），包括经济激励（Chen and Akmalul'Ulya，2019）、新旧产品的支付意愿（Genc and De Giovanni，2018）、环保意识（Chan et al.，2017）及对于回收渠道便利水平的感知程度（Batarti et al.，2017）等，如何回收产品（集中回收/制造商回收/零售商回收）和产品如何定价以提高回收效率和优化供应链（Maiti and Giri，2017）是多数研究者关注的重点。例如，冯等（Feng et al.，2017）在考虑消费者对在线回收渠道的偏好下，研究单一的传统回收渠道、单一的在线回收渠道，以及集中式和分散式的混合双回收渠道的优劣。近年来，从心理学角度探讨消费者返还偏好影响因素的研究开始增加，例如，辛普森等（Simpson et al.，2019）利用实证方法讨论了心理所有权如何影响消费者对可重复使用产品的处理行为。

萨瓦斯坎等（Savaskan et al.，2004）假设再制造产品与新产品没有质量区别，不会影响消费者的购买意愿。后续对再制造产品的研究继续沿用此假设，建立模型研究旧产品回收和分解环境，认为此假设便于材料与组件在新产品制造中可重复使用（Zhang and Zhang，2018）。基于政府的宣传政策和当地的经济发展水平，消费者对于绿色产品的偏好和环境保护的意识均有了不同程度提升（Chen and Akmalul'Ulya，2019），进而对企业的绿色行为产生了不同程度的积极影响（Atasu，Ozdemir et al.，2013）。

消费者返还废旧产品的意愿和行为是影响回收市场竞争结构的重要因素，学界对回收市场中消费者的激励因素进行了深入探讨，激励因素的相关研究呈现出"环保宣传—经济激励—回收服务"的演进路径。早期研究大多基于萨瓦斯坎等（Savaskan et al.，2004）提出的假设，认为环保宣传（对应到企业的"绿色努力水平"）是提高回收率的直接驱动因素（Chan et al.，2017；Savaskan and Van Wassenhove，2006）。随着我国相关政策的推动（王玉燕等，2022），回收经济补贴（Feng et al.，2017）、回收补贴

（Bai et al.，2021；Cao and Choi，2022）和以旧换新（Singh et al.，2022）等消费者激励因素受到了学界的关注，学界开始应用消费者理论进行研究（Abdulla et al.，2022）。例如，根据中国现有的回收政策，朱等（Zhu et al.，2016）和苗等（Miao et al.，2017）研究了以旧换新对于市场的刺激作用；何等（He et al.，2017）从回收补贴的角度出发进行了研究；也有研究则结合了以旧换新和回收补贴两种经济激励，研究消费者面对不同回收经济激励机制的反应机制（Xiao and Zhou，2020）。

2.1.2　不同循环供应链回收渠道与回收联盟决策

渠道选择策略方面主要研究了不同回收渠道的效率、比较和选择问题，包括制造商回收（Xiao，2017）、零售商回收（Maiti and Giri，2017）、第三方回收商/再制造商回收（Huang et al.，2019）。这类研究的核心，是通过比较不同回收渠道而做出最优回收策略，例如，阿塔苏等（Atasu et al.，2013）在经典模型的基础上，进一步研究了制造商和零售商的回收渠道对比；德乔瓦尼和扎库尔（De Giovanni and Zaccour，2014）同时对三者回收效率进行对比。在此基础上，还有一类研究考虑了供应链主体之间的回收合作，例如，楚等（Chu et al.，2018）分别研究了回收处理活动中的业务合作和业务外包；基于协调的思想，马等（Ma et al.，2013）研究了供应链共同承担回收责任；刘珊和陈东彦（2021）研究了在考虑社会责任投入时，闭环供应链制造商的回收伙伴选择及协调问题。

在不同循环供应链回收渠道问题之外，还有研究者关注供应链主体之间的回收合作和联盟（Timoumi et al.，2021）。例如，楚等（Chu et al.，2018）分别研究了回收处理活动中的业务合作和业务外包；基于协调的思想，马等（2013）研究了供应链回收责任共担机制；陈军和田大钢（2017）研究了一个制造商（再制造商）和一个零售商以及消费者组成的供应链模型中，间接回收模式和直接回收模式的收益情况；田等（Tian et al.，2019）研究了不同制造商之间对不同产品进行回收合作，可以有效地提高回收商的效率并降低渠道成本。此外，不同的回收联盟/供应链之间的竞争，也是较为重要的研究方向。例如，韩等（Han et al.，2016）从供应链之间的回收竞争层面进行研究，其竞争模式和整合模式更为复杂，但也更符合业界供应链整合的思想；拉赫曼和苏布拉曼尼安（Rahman and Subramanian，2012）也研究了制造商和零售商的投资合作问题；吴和周（Wu and Zhou，2017）对比研究了不同供应链之间的竞争，关注于零售商或制造商主导回收的不同回收机制。

2.2 废旧产品回收竞争

2.2.1 考虑经济激励的回收竞争

该问题主要通过斯坦伯格博弈或是完全静态博弈等方法，分析在市场上拥有自有回收渠道的不同回收主体的竞争行为，包括制造商和第三方回收商竞争（Agrawal et al.，2015）、制造商和零售商回收竞争（Han et al.，2017）、零售商和第三方回收商竞争（Feng et al.，2017）、三者同时回收竞争（Zheng et al.，2017）；以及较特殊的同类型回收渠道的竞争。例如，多零售商（Ye et al.，2016）、多回收商（Zhou et al.，2017；刘珊等，2022）和多制造商（Jena and Sarmah，2014）的同类型主体之间在回收环节的竞争；有文献从供应链之间的回收竞争层面进行研究（Han et al.，2016），其竞争模式和整合模式更复杂，但也更符合业界供应链整合的思想。

此外，还有研究关注的是，在正向渠道中传统供应链主体竞争问题的发展情况，包括了同级、不同级、不同领导力结构等因素。例如，一方面，萨瓦斯坎和范瓦森霍夫（Savaskan and Van Wassenhove，2006）在零售商回收的经典模型基础上，研究了多零售商或多制造商的合作问题和竞争问题；另一方面，拉赫曼和苏布拉曼尼安（Rahman and Subramanian，2012）也研究了制造商和零售商的投资合作问题；周等（Zhou et al.，2023）研究了电动汽车闭环供应链中，电动汽车制造商主导、电动汽车回收商主导的回收渠道的均衡结果，并研究竞争对均衡结果的影响。此外，研究者对于制造商与上游供应商的博弈也进行了深入分析（Xiong et al.，2013）。

　　回收市场行为和产品竞争行为是循环供应链极为重要的组成部分，前人关于市场的研究更加关注回收过程中市场和消费者的反应，进而对回收商面对市场的不同回收策略进行研究。为了提高产品的回收效率，回收商往往会采取类似售后保障（Li et al.，2019）和广告营销（Gaur et al.，2017）等多种方式提高产品的回收积极性。例如，根据中国现有的回收政策，朱等（Zhu et al.，2016）和苗等（Miao et al.，2017）研究了以旧换新对市场的刺激作用；何等（He et al.，2017）从企业提供的回收补贴角度进行了研究；有文献从政府提供回收补贴的角度出发，研究了补贴政策对闭环供应链新品与再制品的定价、供应链总利润、消费者剩余、社会福利的影响（孟丽君等，2021）。

2.2.2　考虑回收服务便利水平的回收竞争

　　近年来，随着越来越多的供应链主体开展回收活动，回收市场趋于完全竞争，不同回收商的经济激励趋同，回收服务成为新的消费者激励因素。瓦格纳（Wagner，2011）进行了较为粗略的市场调研，发现十年前重视回收服务的消费者占比为28.1%，低于经济激励；而在最新的市场调研中，斯拉维克等（Slavík et al.，2021）发现，这一比例已经上升到40%，消费者开始重视回收服务。学界开始从实证机制和博弈机制两方面开展对回收服务的研究。首先，在消费者返还废旧产品的行为和意愿的实证研究方面，辛普森等（Simpson et al.，2019）研究了消费者对于废旧产品的心理所有权对消费者行为的影响机理，发现消费者对废旧产品的依恋和节俭两种心理因素是制约消费者返还行为的重要因素；还有文献分析了不同回收维修服务（Calmon et al.，2021）、回收站数量（Yang et al.，2023）和来自正向渠道的服务等因素对消费者行为的影响机理。其次，在回收主体博弈领域，参考正向供应链中服务因素对消费者行为影响机理的研究范式，对基于回收服务的回收竞争策略和回收商的最优服务策略进行了研究（He et al.，2019，2022），但仍缺乏对消费者返还行为和返还意愿的精确刻画。

　　除了近十年较为关注的经济激励和回收服务以外，早期研究主要关注环保宣传和消费者环保责任等对于消费者返还行为的影响机理。例如，瓦格纳（2011）的实证研究表明，约有 38.4% 的消费者是因其对于环保的关注而向厂商返还废旧产品。而 2010 年之前的大多数研究都以此为理论基础，在模型中假定回收率是企业广告宣传的凹函数，即环保广告宣传对于回收率正向刺激的边际效益递减（Savaskan et al.，2004；Savaskan and Van Wassenhove，2006）。2010 年后，越来越多的文献开始关注经济激励的影响（Xiong et al.，2016）；2018 年后，对于回收服务的研究开始兴起（Wang et al.，2019）；自此，学界对消费者回收行为激励机制的研究逐渐深化。

2.3　废旧产品不同再利用方式

2.3.1　基于再制造的废旧产品再利用

（1）再制造生产策略。

早期的再制造生产策略研究，着重于为企业确定最佳再制造生产量（Kumar and Ramachandran，2016），聚焦于逆向供应链中产品的回收再制造，并不考虑其对正向供应链生产活动的影响（Teunter and Flapper，2011）。这类研究往往仅考虑再制造组件拆解和再制造品的生产决策，包括回收产品组件的拆解顺序（Rickli and Camelio，2014）、不同质量等级组件的再制造成本（Teunter and Flapper，2011）和再制造随机产出（Diaz and Marsillac，2017）对再制造产量的影响。在此基础上，学者将旧产品的再制造过程纳入新产品的生产系统，实现逆向链和正向链的交互。产品更新换代的速度较快，通过再制造旧的组件生产出的产品往往和最新一代产品有差距，因此，大量研究考虑了新产品和再制造品之间区别的生产策略（Yalabik et al.，2014）。

另外，基于萨瓦斯坎等（Savaskan et al.，2004）的研究，大量学者研究了回收产品变成零部件流入新产品制造中的再制造过程（即，再制造品和新产品无差异情形）的再制造生产策略（Oezceylan and Paksoy，2014）。同时，传统供应链的新产品是以新的原材料作为输入源进行生产，而再制造产品的生产部分供应源来自消费者，因此，供应量具有高度不确定性，再制造的生产计划制定也比传统生产更复杂。从回收角度来看，回收过程中回收质量随机（Shah et al.，2010），回收数量随机（Tahirov et al.，2016）往往会影响企业可再制造产品的比例和成本，从而影响最后的再制造产品。在市场需求随机（Chen and Monahan，2010）的情况下，有研究文献采用报童模型、动态规划、马尔科夫过程等对随机需求及其变化进行刻画，通过经济批量模型研究了制造商的再制造生产批量或零售商的订购批量。

（2）再制造渠道决策和竞争。

为了简化模型复杂度，萨瓦斯坎等（2004）假设制造商进行再制造，研究了不同回收渠道的效益和决策问题，但没有讨论回收过程中的渠道选择和竞争问题。再制造过程的渠道问题对于循环供应链模型的构建至关重要，关系到企业进行再制造活动的潜力（Diaz and Marsillac，2017）。这部分主要包括，再制造的渠道选择和多种再制造渠道竞争。

第一，再制造的渠道选择。通过比较不同再制造渠道，前人研究分析了不同情形下的最优策略，包括不同条件下是否进行再制造（Ferguson and Toktay，2006；Karakayali et al.，2007）、选择集中决策或分散决策（Zheng et al.，2017），以及不同参与再制造流程主体（制造商、供应商、零售商、第三方回收商等）的选择。这些研究大多对比了两类渠道的再制造收益，如制造商和第三方回收商/外包（Yan et al.，2015）、制造商和供应商（Xiong et al.，2016），以及制造商和零售商（Zhao et al.，2019）；当然，也有少量第三方回收商及其组合的对比（Huang and Wang，2017）。除了再制造方的选择外，有少量文献涉及再制造回收渠道（Ye et al.，2016）的选择。

第二，多渠道共存条件下再制造渠道的竞争问题。这部分文献关注制造商与其他供应链主体共同参与再制造流程，在竞争中达成成本与效益的均衡（Kumar and Ramachandran，2016），主要包括制造商与第三方制造商对于再制造产品（Webster and Mitra，2007）和回收材料（Hong et al.，2017）的竞争，也包括制造商与供应商之间的组件级别的材料竞争（Xiong et al.，2013）和制造商与潜在竞争者间的价格竞争（Ferguson and Toktay，2006）。大部分这类研究为纯粹的再制造商品的竞争，少量研究涉及翻新商品的竞争（Ramani and De Giovanni，2017）与专利的影响（Hong et al.，

2017）。同时，再制造流程渠道共存竞争的研究，主要针对核心参与者建立模型，较少涉及其竞争带来的间接影响。

（3）再制造定价决策。

新旧产品的定价问题研究，主要关注新产品和再制造品的定价问题，分为新产品和再制造品之间无差异、新产品和再制造品有差异以及新产品和再制造品定价不同且存在竞争三种。

第一，新产品和再制造品之间无差异。

在供应链的再制造环节中，新产品和再制造品定价问题的研究，均假设新产品和再制造品在市场上没有差异，其中，包括单一供应链不同产品的竞争（Bhattacharya et al.，2006）、存在竞争的两条供应链（De Giovanni，2018）以及具有双重回收渠道的供应链（Wei et al.，2019）。这样假设的主要目的是，符合欧盟的相关规定，以及实现再制造的真正效益，即，实现完好零件的再利用。

第二，新产品和再制造品之间有差异。

有部分文献将再制造产品（remanufactured product）和翻新品（refurbished product）之间的定义混合使用，并假定新产品与翻新品的价格存在不同程度的差异（Frota Neto et al.，2016）。既有文献假设制造商在生产新产品的同时也承担再制造业务，并将再制造品销往二级市场（Feng et al.，2019；Xiao，2017），或是新产品和再制造品经不同的销售渠道（Gan et al.，2017）或是同一销售渠道（Xiong et al.，2016）销售，探讨了成本分担（Toktay and Wei，2011）和两种产品定价的问题（Gan et al.，2017）。与标准的再制造研究问题不同，也有部分文献关注二手市场产品的定价问题（Tsaur，2015），包括可重复使用部件的定价问题（Vadde et al.，2007）。

另外，也有文献探讨了再制造业务授权给零售商（Zhang et al.，2019）或承包给再制造商（Wu and Zhou，2016）以管理、优化供应链的情况。如有学者分析了在两期、多期和无限规划的垄断环境下，企业最优的再制造策略、定价策略（Ferrer and Swaminathan，2010）。此外，有少量文献关注碳排放税（Yenipazarli，2016；Govindan et al.，2023）或回收立法（Esenduran et al.，2016）对两种产品定价的影响。这部分文献主要考虑将再制造产品和新产品通过不同销售渠道销售或在不同市场上销售，两种产品之间不存在相互竞争的现象，但随着市场之间的相互渗透，两种产品之间的替代情况逐步显现。

第三，新产品和再制造品定价不同且存在竞争。

再制造品进入市场后，没有新产品偏好的消费者考虑到再制造品更低的价格会偏向于选择再制造品，这会对新产品的需求产生影响，造成新产品和再制造品之间的竞争（Jin et al.，2016）。而承担再制造业务的制造商（Liu et al.，2018）不得不考虑两种产品的定价策略，以此优化供应链、最大化供应链利润。此类文献大多是从制造商和再制造商的角度，探讨新旧产品的定价策略。这类文献主要包括承担再制造业务的两制造商之间的竞争（Wu，2012），如黄等（Huang et al.，2019）利用两阶段模型，研究了在考虑销售竞争的情况下，新产品和再制造产品的最佳定价策略；承担再制造业务的制造商和再制造商之间的竞争（Yan et al.，2015），如吴和吴（Wu and Wu，2016）研究了均承担再制造业务的制造商和再制造商，分析了其在二手产品再制造和产品销售方面的竞争；以及仅生产新产品的制造商和再制造商之间的竞争（Ramani and De Giovanni，2017），如钱等（Qian et al.，2019）探讨了制造商产品升级对再制造的影响，结果表明产品升级策略可以缓解同类产品相互竞争的问题，并为双方创造最优帕累托改进。

（4）再制造服务决策。

第一，再制造品的销售服务。

这部分文献考虑了如何通过提升服务能力提升企业销售量。随着电商市场的成熟，研究文献开始聚焦企业的广告服务：企业通过投放广告让消费者更全面地了解新产品信息和再制造产品的信息，提升消费者需求（Ramani and De Giovanni，2017）。此外，有大量广告旨在宣传企业的绿色形象，提高消费者产品返还的意愿（Hong et al.，2015），这类文献主要通过博弈论的方法得到企业的最佳销售量。区别于传统销售模式，也有文献探究了消费者不拥有产品所有权的租赁模式和产品订阅模式，即租赁服务（leasing）（Roy et al.，2016）和产品订阅服务（subscribing）（Agrawal et al.，2019）。租赁一般由企业承担设备的保险、维修、配件供应以及培训技术人员等项服务。租期结束后，具有残值的产品返回制造商处进行处理（Roy et al.，2016）。而区别于租赁，消费者采用订阅模式支付一定的订阅费用可以享受每年最新产品（Agrawal et al.，2019）。订阅模式保证了企业新产品的持续销售。

第二，再制造品的售后服务。

这类文献聚焦于产品退货服务（Shulman et al.，2011）、维修服务（包括保修服务（Calmon and Graves，2017）、延保服务（Li et al.，2012）、保外服务（Piplani and Saraswat，2012）和以旧换新服务（Xiao，2017）。随着电子商务市场的发展，线上渠道销售越来越广泛。然而，消费者无法接触产品，因此，电子渠道销售带来了退货问题。早期文献关注企业产品退货服务策略选择问题，例如，部分退款策略（Lee，2012）和全款退货策略（Xiong et al.，2016），以及最优化企业收益的退货政策和退货期问题等。对于保修期之外的产品，学者研究了以旧换新和以旧换再/翻新（Ma et al.，2017）等促进新产品销售和废旧产品循环处理的服务。在选择承担再制造品服务的渠道及其协调方面，部分文献采用斯坦伯格博弈比较了不同承担再制造品服务的企业收益。例如，在不同情形下的制造商和零售商提供保修服务的利润对比（Tang et al.，2020）；或者制造商、零售商和第三方服务公司（保险公司）三者保修服务效率的对比（Li et al.，2012）。在此基础上，部分文献考虑了供应链主体的服务合作机制，如增值服务的成本分摊机制（Hong et al.，2019）。

2.3.2　基于再循环和翻新的废旧产品再利用

再循环是指，当企业无法通过再利用废旧产品的零部件时，对废旧产品进行低效率回收再利用而从中提取原材料（如塑料和金属）的过程，并通过向供应链上游批发原材料以获取利润（Thierry et al.，1995）。除此之外，服装行业的循环经济模式也常依托再循环方式进行产品回收和再处理（Denizel and Schumm，2024）。更多时候，再循环的经济效益是不显著的，往往推动企业进行再循环的直接动因是基于政府规制或政策补贴（Atasu and Souza，2013；张金泉等，2023）。从建模角度来看，采用再循环的回收商会通过从废弃产品中提取贵金属和塑料等原材料获利，或是将废弃产品出售给上游供应链获取一定补贴（Zou et al.，2016）。再循环过程并未重新再利用功能完好的产品零部件，再循环具有更低的资源利用率和供应链绿色水平（Zhang and Zhang，2018），相比之下，绿色化程度更高的再制造带来更高的供应链整体经济利益、供应链绿色水平、社会效益和消费者福利（Hong et al.，2017）。因此，考虑到降低污染排放和提高资源利用效率，越来越多的研究者开始将重点从传统的再循环方式转为再制造方式，并通过以旧换新、以旧换再等营销手段来促进产品的有效循环（张福安等，2023）。

翻新作为较常见的废旧产品再利用方式受到学术界的关注：翻新的产品会直接投入市场中，与新产品的销售形成竞争，因此，此类研究的主要方向集中在新产品价格、翻新产品价格及其他因素的市场竞争方面。基于经典的关于再制造品和新产品竞争的研究思路（Ferrer and Swaminathan，2010），即分别从不同的周期情景出发来分析不同产品的定价决策及其关键营销因素，前人或是继续深入研究消费者行为和市场挤兑效应对于相关因素的影响（但斌和丁雪峰，2010），或是协同考虑新产品和翻新产品的定价策略，通过制定最优翻新产品的回收策略来实现利润最大化（Vora-sayan and Ryan，2006）。还有研究者突破了传统的制造商翻新假设，开始引入更多的翻新服务提供商以与制造商形成竞争，例如，前人研究了经销商负责废旧产品的回收及翻新的业务模式，讨论了翻新产品的价格竞争对供应链各成员利润的影响机理（Kogan，2011）；高攀等（2014）则基于零售商回收并翻新废旧产品的假设，研究了不同产品的最优差异化定价策略，探讨了翻新产品对新产品、再制造产品的挤兑效应，分析零售商对制造商的利润侵占机制。

2.4　供应链协调机制

2.4.1　供应链合同协调机制

循环供应链的协调涉及供应链上下游大量企业（Goodarzian et al.，2023），需要一套合理的机制来保证各主体按照协调目标开展供应链活动，以最大化供应链效益。制造商和零售商竞争回收研究开展得相对较早，萨瓦斯坎和范瓦森霍夫（Savaskan and Van Wassenhove，2006）分析、比较了制造商直接回收和从零售商处间接回收两种渠道的利润，提出供应链利润受零售商之间竞争性相互作用的驱动，并通过回购合同对零售商的回收竞争进行了协调。类似地，德乔瓦尼等（De Giovanni et al.，2018）应用不同的合同改进研究制造商、零售商回收竞争的协调效率。在具有独立回收能力的第三方回收商出现后，学界对于制造、零售商和第三方回收商竞争回收协调也开始了相对应的研究。洪和叶（Hong and Yeh，2012）比较了零售商回收模型和第三方回收商外包回收模型，发现零售商回收并不总优于第三方回收商回收所获得的回收效率和渠道利润。还有一些文献针对制造商和第三方回收商竞争回收协调（Chu et al.，2018）、制造商和再制造商竞争回收协调（Hong et al.，2017）、再制造商和第三方回收商竞争回收协调（Guo et al.，2018）、零售商和第三方回收商竞争回收协调（Feng et al.，2017）等。当然，还包括三方同时协调的问题（Hong et al.，2019）。既有研究使用不同合同对再制造业务的竞争进行了协调，例如，海达里等（Heydari et al.，2018）通过分担制造商的产能风险提出了一项收益共享合同，以说服零售商在决定奖励金额时考虑再制造能力的不确定性。具体还包括回购合同（Yoo et al.，2015）、销售返利合同（Su，2009）和二部定价合同（Ghosh and Shah，2012）等。

协调供应链回收竞争的供应链合同逐步收敛到二部定价合同。早期协调供应链回收竞争的合同，主要为回购合同（Savaskan and Van Wassenhove，2006）、目标折扣合同（Ferguson et al.，2006）等，随着研究的深入，收益共享合同（Panda et al.，2017；Xie et al.，2017）成为协调供应链回收竞争最主要的合同，例如，韩等（2017）使用该合同，协调了制造商和零售商的回收竞争。同时，交换折扣贴现合同（Xiao et al.，2017）和转让价格合同（Li et al.，2019）也被较少地用来协调供应链回收竞争。近年来，协调供应链回收竞争的合同逐渐收敛到二部定价合同，胡等（Hu et al.，2016）在制造商和第三方回收商竞争回收模式下比较二部定价合同和其他合同的协调效率，得出二部定价合同可以有效地协调供应链的结论。后续研究表明，二部定价合同基于其灵活的定价模式（同时具备固定部分和动态部分）能起到更有效的协调效果。因此，后续的研究基本上都开始使用二部定价合同协调供应链回收竞争（Zheng et al.，2017），或是通过结合不同的合同来最大化协调效果（Kuchesfehani et al.，2023；唐娟等，2023）。

2.4.2　技术授权协调机制

除了基于合同制度的供应链协调机制外，具有技术优势的供应链成员（如制造商）可以考虑通过技术授权方式来实现成本和利润共担、共享，并最终实现供应链协调的目标。在循环供应链中，废旧产品的再制造可能涉及专利许可问题，制造商可以通过授权方式或不授权方式来允许或禁止其他企业再利用废旧产品，并以成本共担或利润共享作为附加的激励条件或是约束条件来要求不同的回收企业加入循环供应链体系。例如，阿罗拉等（Arora et al.，2013）比较、研究了分散许可和集中许可两种模式，探讨了大公司如何组织许可活动的问题；萨瓦和塔内里（Savva and Taneri，2015）结合股权、特许权使用费和固定费用审查了大学和企业的技术转让，并研究了道德风险和不对称信息对技术许可的作用。同时，也有研究者借助供应链合同设计有效的技术授权机制，并呈现出向二部定价合同收敛的现象。例如，赵等（Zhao et al.，2014）评估了技术授权网络效应的影响，提出并对比研究了基于网络效应的三种许可方式：固定费用制、特许权使用费许可制和二部许可制，并指出当网络效应明显时二部许可制从许可人和社会的角度来看是最优的；森和斯塔马托普洛斯（Sen and Sta-matopoulos，2016）分析了专利权人通过结合使用费和二部制收费向其竞争对手授权成本降低技术的情况，发现最优策略取决于一般成本函数。

上述关于技术授权协调机制的文献，主要集中在制造新产品的领域，一些文献由此调查了关于再制造的技术许可。例如，奥拉伊奥普洛斯等（Oraiopoulos et al.，2012）介绍了原始设备制造商通过在二级市场收取许可费的方式授权进行再制造活动的案例；洪等（Hong et al.，2017）对再制造模式下的固定费用许可和特许权使用费许可进行了比较，指出特许权使用费许可在消费者剩余和环境绩效方面比固定费用许可更有利。考虑到混合再制造模式，黄和王（Huang and Wang，2017）基于技术许可的混合再制造模型，分析了再制造能力对供应链成员定价决策和利润的影响。除了普通技术许可外，还有文献分析了制造商和零售商联合开发再制造技术的问题，并采用系统动力学方法进行分析（Chen et al.，2023）。

2.5　供应链信息共享

2.5.1　零售商信息共享

　　既有文献集中研究回收渠道选择、回收品定价以及决策结构对供应链收益的影响，而忽略了信息对供应链回收渠道结构选择的影响，对于零售商而言，新信息技术的发展极大地改进了零售商获取产品市场需求、消费者采购行为信息的途径和效率，使零售商比制造商掌握了更多市场需求信息。信息技术使零售商获得了大量历史数据，零售商可以通过定性方法或定量方法对未来的市场需求进行预测，定性预测方法有集思广益法和德尔菲法（又称专家调查法或专家意见法），定量预测方法有时间序列预测法和回归分析预测法，另外，市场需求预测方法还有综合分析判断法，是定性预测和定量预测相结合的方法。同时，竞争和社会经济环境的持续变化使产品需求不断演化，密切跟踪、预测需求的变化对零售商而言显得日益重要（艾兴政等，2008）。零售商获取市场信息的重要性日益成为学术关注的焦点，大量文献研究了信息分享对供应链的影响（王桐远等，2021）。

　　李（Li，2002）研究了信息分享对横向竞争零售商的直接影响和间接影响，表明零售商不愿分享市场预测信息而愿意分享成本信息。陶文源等（2002）研究了两个供应商和一个制造商的供应链系统，发现信息分享降低了系统的不确定性，但成本较高的供应商并未从中受益。申悦等（2005）在价格竞争环境下研究了多个零售商与制造商成本信息共享策略的选择问题，发现零售商不会自愿分享其成本信息，必须通过一定的合同机制才能实现。还有文献研究了信息分享对双渠道供应链绩效的影响（Yao et al.，2005；Yue and Liu，2006）；包括返还策略下零售商单方面的信息分享问题，以及制造商和零售商双方预测信息分享对供应链的影响，发现在一定条件下信息分享能带来更高收益。姚等（Yao et al.，2008）研究了零售商价格和服务竞争情形下，零售商分享服务成本信息对供应链的影响，并得到了零售商愿意分享成本信息的条件。聂佳佳和蔡仁雷（2018）研究了零售商信息分享和制造商承担企业社会责任。

2.5.2　第三方回收商信息共享

不同于零售商需求信息共享的研究，第三方回收商需求信息研究往往聚焦于零售商需求信息共享机制对于第三方回收商的影响（Huang and Wang，2017）；在更多情况下，既有文献进行第三方回收商的信息共享研究的重点，往往集中在对于再制造产品成本信息的共享方面。例如，穆霍帕德耶等（Mukhopadhyay et al.，2008）研究在零售商产品附加值成本信息不对称情形下制造商与零售商之间的协调问题；张盼和熊中楷（2019）研究制造商的回收成本信息不对称时，零售商的最优两部定价合同设计问题；科贝特和唐（Corbett and Tang，1999）研究在买方不同成本信息结构下供应商应采用的最优采购合同；黄等（Huang et al.，2019）研究在再制造成本信息不对称情形下 OEM 与 IR 的竞争，并探究 IR 信息共享的激励机制。上述文献主要研究供应商、制造商以及零售商之间的信息不对称问题，但大多没有考虑制造商与再制造商之间的信息不对称问题。不同于前人的研究，曹开颖等（2022）研究了制造商是否授权再制造商进行产品再制造的策略，以及再制造产品生产成本信息是否对称对最优决策的影响，同时探讨了制造商授权意愿、再制造商接受授权意愿、信息不对称对产品定价等因素对授权策略的影响。聂佳佳（2014）分别研究了再制造商垄断和存在竞争对手的情形，分析了需求预测信息对再制造商的价值，探讨了再制造商与新产品制造商信息分享的可行性。

目前，信息共享方向的研究呈现出多方向、多主体交叉结合特征。例如，有文献将零售商信息共享和第三方回收商信息共享相结合，并研究在不同回收渠道结构下信息价值的情况（Suvadarshini et al.，2023）；有文献借助成本分担和收益共享合同来解决信息可靠性、信息安全方面对供应链效益的影响问题（Wan et al.，2023）；有文献将第三方评估机构纳入博弈过程，研究绿色制造商从第三方评估机构获取质量信息以及向其他供应链成员披露质量信息的决策问题（Hong et al.，2021）；有文献考虑碳配额交易政策下制造商回收努力和新产品单位碳排放量信息不对称，探讨不同权力结构下制造商对其私有信息的谎报行为及其对供应链绩效的影响（张令荣等，2023）；有文献在零售商风险规避信息不对称的闭环供应链中，设计了"收益共享＋成本分担＋转移支付"的组合契约，以协同暴露零售商真实风险规避信息并协调闭环供应链的目标（王竞竞等，2022）。

2.6　文献评述

循环供应链管理和协调的研究主要涉及 5 个领域：循环供应链回收渠道、废旧产品回收竞争、废旧产品不同再利用方式、供应链协调机制和供应链信息共享。既有文献在这 5 个领域内形成了大量研究成果和较为完善的理论体系，但随着政策环境、新兴技术和市场环境的改善，既有相关研究结论难以充分解释企业面临的新难题，这为循环供应链管理和协调的研究提供了新的可能性。

第一，在循环供应链回收渠道方面。

传统关于回收渠道的文献大多将不同的回收渠道作为独立的垄断决策主体进行研究，并未考虑不同回收商之间的竞争关系和合作关系，也少有文献关注逆向回收业务对正向销售业务的影响。此外，对回收供应链整合的既有研究，大多为了整合制造商的再制造能力和零售商/第三方回收商的回收成本优势，关于回收服务的既有研究未能与回收联盟决策充分融合。基于此，本书在成熟的供应链正向渠道的复杂竞争研究基础上，完善了逆向渠道的竞争问题，并对比研究了包含制造商、零售商和第三方回收商的不同回收联盟的差异，为后续供应链合作问题的研究提供新的思路。

第二，在废旧产品回收竞争方面。

既有研究大多将竞争视角放在了产品的销售竞争、不同回收商提供的产品竞争、不同的供应链领导角色，以及基础的双主体回收竞争上。但是，对于市场来说，越来越丰富的回收商角色已经对市场结构产生了深刻影响，进而影响整体供应链效率，多回收商竞争是无法忽视的研究方向之一。本书将回收渠道的选择研究问题拓展为不同回收竞争模式的选择问题，将专注于正向市场的简单竞争模型拓展为同时兼顾正向、逆向的复杂混合竞争模型。

第三，在废旧产品不同再利用方式方面。

前人较少统一研究再制造过程和产品回收过程，再制造和再循环的定义存在混淆。在既有研究中，回收竞争对再制造过程和供应链整体绿色生产的影响机理不明确。与企业正向渠道的营销会影响运营的观点类似，逆向渠道的回收效率和回收结构也会对企业的再制造过程、再循环过程产生影响，这部分研究内容鲜有涉及。根据现实情景，本书对不同回收商的不同回收再利用方式进行了明确定义和模型刻画，对不同回收商的回收效率和回收结构进行分析，对再制造过程和产品回收过程进行了综合分析。

第四，在供应链信息共享方面。

前人对于供应链信息不对称和供应链信息共享问题进行了充分研究，但主要研究方向集中在信息分享对正向供应链绩效的影响机理方面。本书旨在分别从零售商、制造商和第三方回收商的视角出发，探究不同循环供应链主体在有信息禀赋情况下的最优信息共享策略，分析不同信息策略对于循环供应链最优网络构建策略、整体回收效率和整体资源利用效率的影响机理，同时，基于供应链协调机制和网络构建策略方面的研究，设计不同循环供应链网络下的最优信息共享机制。

第 3 章 循环供应链网络构建

回收是循环供应链各要素得以循环的基础，废弃产品的回收再利用具有显著的经济效益、社会效益和环境效益，在成熟的再制造供应链、模块化的产品设计和相关绿色理念营销实践的背景下，非制造商的供应链主体开展废弃产品回收再利用业务的门槛逐渐降低，这导致越来越多回收商共存的现象成为目前回收市场的主要特征。针对供应链核心企业面临的循环供应链网络构建难题，本章从循环供应链成员选择和联盟构建两个层面出发，探讨循环供应链网络构建的关键影响因素，得到不同市场环境下循环供应链最优网络模式和最优联盟策略，明确不同的网络和联盟下各个供应链成员的最优策略和最高利润水平，分析不同的市场因素、环境因素对于企业决策和企业利润的影响机理，提出支持企业开发循环供应链网络、组建合作联盟的管理启示。

3.1 概述

在多主体参与回收业务的背景下，作为供应链核心企业的制造商面临构建循环供应链网络的决策难题。首先，在部分环保法律约束力较弱的地区，制造商为了专注于核心业务的开展可能会选择拒绝承担废弃产品回收的业务；实力较强的制造商可以自行开展相关的产品回收业务，以获取最大的回收效益；对于希望更专注于核心业务却又不希望放弃回收业务的制造商来说，将回收业务外包给零售商也是个不错的选择。其次，循环供应链内部也可以相互联盟，成为供应链内部的一个集中决策单元，以此降低双重边际效应。制造商在构建循环供应链网络方面的决策会决定回收市场的竞争结构，进而极大地影响各个回收商相关业务的开展情况，最终决定供应链的整体绿色水平和经济利益。

为解决企业面临的构建循环供应链网络模型的难题，其一，本章在不考虑消费者行为的前提下，基于循环供应链内外部结合（制造商、零售商和第三方再制造商）的多主体混合回收模型，对比研究制造商的不同渠道构建策略，同时，分析供应链中所有主体做出的不同定价策略，得到制造商在各种情况下采用的最佳回收网络构建策略。将回收市场和销售市场的竞争关系结合起来，通过建立模型来描述两个市场中不同主体的关系。本章的研究结论为本书研究体系提供了复杂竞争结构模型的分析基础。其次，在多主体混合回收模型基础上，提出了不同的回收商联盟机制，对比研究了不同联盟的运营效率，得到了最优的联盟策略及其实现的最优供应链效益，同时，分析了相关因素的影响。

3.2　循环供应链网络构建的问题描述和建模

3.2.1　问题描述

考虑一个两级单周期的循环供应链，包括一个制造商、一个零售商和一个拥有再制造能力的第三方再制造商。制造商负责生产新产品并批发给零售商，同时，制造商可以选择三种不同的回收渠道（回收拒收、自行回收、回收外包）中的一种来实施再制造：在第一种模式中，制造商选择保持现在遵循的业务模型，即拒绝建立完整的供应链；在第二种模式中，制造商选择建立自己的回收网络，从而建立完整的供应链；在第三种模式中，制造商选择将回收业务和转售业务外包给零售商，制造商仍然需要再利用市场上使用过的产品，但是，制造商可以要求零售商回收这些产品。

无论制造商选择哪种渠道，第三方再制造商都是直接从市场中回收和再制造废旧产品，然后，将产品销售给零售商。而零售商销售从制造商和第三方再制造商订购的新产品和再制造品。在制造商选择将回收活动外包的情况下，零售商也开展回收业务。在斯坦伯格博弈下，三方都将通过制定价格策略来追求最优利润。根据吴（Wu，2012）的研究，制造商拥有全渠道最高的领导力，之后是再制造商，最后是零售商。本章基于假设建立了三个不同的模型：新产品与再制造品的质量没有差异；回收产品的质量是稳定的；对各方而言，信息是对称且完整的；所有产品都可以被市场吸收；回收数量与制造商、第三方再制造商和零售商给出的回收价格呈线性相关；销售量与零售商给出的销售价格呈线性相关。

3.2.2　考虑回收经济激励的制造商三种回收渠道策略

（1）制造商拒绝回收。

在制造商拒绝回收的情况下，制造商只负责新产品的生产和销售，制造商拒绝回收（模型Ⅰ），如图 3-1 所示。零售商从制造商处订购新产品，从第三方再制造商处订购再制造产品，因此，消费者可以从零售商处同时购买新产品和再制造产品，而消费者只能把用过的产品卖给第三方再制造商。

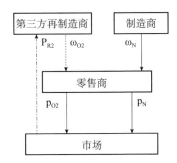

图 3-1　制造商拒绝回收（模型Ⅰ）

资料来源：笔者绘制。

选择价格作为决策变量，对供应链上的每个主体进行决策分析。对于制造商而言，决策变量为新产品的批发价格 ω_N，c_N 表示每个新产品的制造成本，q_N 表示新产品的销售量。因此，制造商的利润函数为：

$$\pi_M = (\omega_N - c_N) q_N \qquad (3-1)$$

对于第三方再制造商，决策变量为新产品的批发价格 ω_{O2} 和回收价格 p_{R2}，c_R 表示每个再制造产品的再制造成本，q_{O2} 表示第三方再制造商提供的再制造产品的销售量。第三方再制造商的利润函数为：

$$\pi_{RM} = (\omega_{O2} - c_R - p_{R2}) q_{O2} \qquad (3-2)$$

对于零售商来说，决策变量是新产品的销售价格 p_N 和再制造品的销售价格 p_{O2}。因此，零售商的利润函数为：

$$\pi_R = (p_N - \omega_N) q_N + (p_{O2} - \omega_{O2}) q_{O2} \qquad (3-3)$$

第三方再制造商的回收数量 q_{R2} 受回收价格 p_{R2} 的影响（Yau，2010）。因此，两者之间的关系为：

$$q_{R2} = r + \rho p_{R2} \qquad (3-4)$$

在式（3-4）中，r 是基于公众环保意识的回收数量。式（3-4）表示，即使在第三方再制造商没有提供回收激励的情况下（即 $p_{R2}=0$），仍然有部分消费者会基于环保意识而自愿返还 r 数量的废弃产品；ρ（$\rho > 0$）是回收激励对回收数量的影响因子，回收激励越高，第三方再制造商回收的废弃产品数量越多。

在假设所有再制造产品都可以出清的情况下，即 $q_{R2} = q_{O2}$，意味着第三方再制造商会根据零售商提供的再制造产品的销售价格来制定回收价格，以避免多余的回收。因此有：

$$p_{R2} = -\frac{r}{\rho} + \frac{1}{\rho}q_{O2} \qquad (3-5)$$

令 $\frac{r}{\rho} = k$ 和 $\frac{1}{\rho} = m$，可得：

$$\pi_{RM} = (\omega_{O2} - c_R - (-k + mq_{O2}))q_{O2} \qquad (3-6)$$

供应链领域对于废弃产品的返还意愿初始动机的研究多为单周期问题或短周期问题，而相关价格需求函数主要参考了熊等（Xiong et al.，2016）、米塔等（Mitra et al.，2016）和耶拿等（Jena et al.，2017）的研究。根据新产品和再制造品没有区别的假设，这些产品存在完全竞争。因此，新产品和再制造品的销售关系可以表示为：

$$\begin{cases} q_N = Q - ap_N + bp_{O2} \\ q_{O2} = Q - ap_{O2} + bp_N \end{cases} \qquad (3-7)$$

在式（3-7）中，Q 表示产品销售的潜在市场规模，a 和 b 分别表示本产品价格和竞争产品价格对于本产品销量的影响。

模型 I 的博弈模型为：

$$\begin{cases} \max\limits_{\omega_N} \pi_M = (\omega_N - c_N)q_N \\ \max\limits_{p_N, p_{O2}} \pi_R = (p_N - \omega_N)q_N + (p_{O2} - \omega_{O2})q_{O2} \\ \max\limits_{\omega_{O2}} \pi_{RM} = (\omega_{O2} - c_R - (-k + mq_{O2}))q_{O2} \end{cases} \qquad (3-8)$$

根据逆向归纳法，模型求解得到 ω_N^*、ω_{O2}^*、p_{O2}^*、p_N^*，以及所有供应链主体的利润和供应链总利润。

（2）制造商自行回收。

在自行回收情况下，制造商负责生产新产品，以及回收旧产品和再制造旧产品，并将再制造的产品批发给零售商，制造商进行回收（模型Ⅱ），如图3-2所示。零售商从制造商处订购新产品，从制造商处和第三方再制造商处订购再制造产品。消费者从零售商处购买新产品和不同的再制造产品，可以将废弃产品出售给制造商或第三方再制造商，制造商和第三方再制造商在回收市场上竞争。

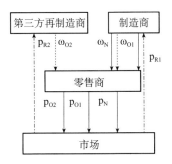

图3-2 制造商进行回收（模型Ⅱ）

资料来源：笔者绘制。

对于制造商来说，决策变量是新产品的批发价格 ω_N、再制造品的批发价格 ω_{O1} 和回收价格 p_{R1}。u 表示回收活动的单位成本，q_{O1} 表示制造商提供的再制造产品的销售额。因此，制造商的利润函数为：

$$\pi_M = (\omega_N - c_N) q_N + (\omega_{O1} - c_R - p_{R1} - u) q_{O1} \qquad (3-9)$$

与模型Ⅰ类似，第三方再制造商的利润函数为：

$$\pi_{RM} = (\omega_{O2} - c_R - p_{R2}) q_{O2} \qquad (3-10)$$

对于零售商而言，决策变量是新产品的销售价格 p_N、制造商的再制造产品 p_{O1} 和第三方再制造商的再制造产品 p_{O2}。因此，零售商的利润函数为：

$$\pi_R = (p_N - \omega_N) q_N + (p_{O1} - \omega_{O1}) q_{O1} + (p_{O2} - \omega_{O2}) q_{O2} \qquad (3-11)$$

制造商和第三方再制造商的回收活动在市场上是完全竞争的，回收数量与回收价格呈线性正相关，与竞争对手的价格呈线性负相关，建立的二手产品的回收量函数如下：

$$\begin{cases} q_{O1} = r + \rho p_{R1} - d p_{R2} \\ q_{O2} = r + \rho p_{R2} - d p_{R1} \end{cases} \tag{3 - 12}$$

在式（3 - 12）中，r 表示基于公众环保意识的回收数量，ρ 和 d 分别表示第三方再制造商提供的回收价格和竞争对手提供的回收价格对于第三方再制造商回收数量的影响。

式（3 - 12）等价变换为：

$$\begin{cases} p_{R1} = -\dfrac{r(\rho + d)}{\rho^2 - d^2} + \dfrac{\rho}{\rho^2 - d^2} q_{O1} + \dfrac{d}{\rho^2 - d^2} q_{O2} \\ p_{R2} = -\dfrac{r(\rho + d)}{\rho^2 - d^2} + \dfrac{\rho}{\rho^2 - d^2} q_{O2} + \dfrac{d}{\rho^2 - d^2} q_{O1} \end{cases} \tag{3 - 13}$$

令 $\dfrac{r(\rho + d)}{\rho^2 - d^2} = k$，$\dfrac{\rho}{\rho^2 - d^2} = m$，$\dfrac{d}{\rho^2 - d^2} = n$，有：

$$\begin{cases} p_{R1} = -k + m q_{O1} + n q_{O2} \\ p_{R2} = -k + m q_{O2} + n q_{O1} \end{cases} \tag{3 - 14}$$

因此有：

$$\pi_M = (\omega_N - c_N) q_N + (\omega_{O1} - c_R - u - (-k + m q_{O1} + n q_{O2})) q_{O1} \tag{3 - 15}$$

$$\pi_{RM} = (\omega_{O2} - c_R - (-k + m q_{O2} + n q_{O1})) q_{O2} \tag{3 - 16}$$

新产品和不同的再制造产品在产品市场上是完全竞争的，与模型 I 相似，三种类型产品的销售关系可以表示为：

$$\begin{cases} q_N = Q - a p_N + b p_{O1} + b p_{O2} \\ q_{O1} = Q - a p_{O1} + b p_N + b p_{O2} \\ q_{O2} = Q - a p_{O2} + b p_N + b p_{O1} \end{cases} \tag{3 - 17}$$

制造商自行回收的斯坦伯格模型（模型 II）为：

$$\begin{cases} \max_{p_N, p_{O2}, p_{O1}} \pi_{RR} = (p_N - \omega_N) q_N + (p_{O1} - \omega_{O1}) q_{O1} + (p_{O2} - \omega_{O2}) q_{O2} \\ \max_{\omega_{O2}} \pi_{RM} = (\omega_{O2} - c_R - (-k + m q_{O2} + n q_{O1})) q_{O2} \\ \max_{\omega_N, \omega_{O2}} \pi_M = (\omega_N - c_N) q_N + (\omega_{O1} - c_R - u - (-k + m q_{O1} + n q_{O2})) q_{O1} \end{cases}$$

$$\tag{3 - 18}$$

与模型Ⅰ一样，模型Ⅱ也采用了逆向归纳法，可以求得所有决策主体的定价策略和最优利润情况。

（3）制造商委托零售商回收。

在外包回收情况下，由零售商负责回收，作为补偿，制造商将以高于零售商的价格回购废弃产品作为激励，制造商可以更多地关注其制造业务回收外包（模型Ⅲ），如图 3 - 3 所示。此外，零售商从制造商处订购新产品，并从制造商和第三方再制造商处订购再制造品。消费者可以将其用过的产品卖给零售商或第三方再制造商。

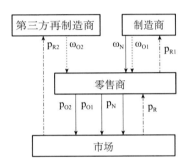

图 3 - 3　回收外包（模型Ⅲ）

资料来源：笔者绘制。

对于制造商来说，决策变量是新产品的批发价格 ω_N、再制造产品的批发价格 ω_{O1} 和零售商的回收价格 p_{R1}。因此，制造商的利润函数为：

$$\pi_M = (\omega_N - c_N)q_N + (\omega_{O1} - c_R - p_{R1})q_{O1} \qquad (3 - 19)$$

类似于模型Ⅰ，第三方再制造商的利润函数为：

$$\pi_{RM} = (\omega_{O2} - c_R - p_{R2})q_{O2} \qquad (3 - 20)$$

对于零售商，除了模型Ⅱ中的决策变量外，还需要考虑回收价格 p_R，且 $p_{R1} = vp_R$。其中，$(v - 1)$ 表示制造商承诺的回收价格激励，$v > 1$ 表示行业惯例定义的常数。因此，零售商的利润函数为：

$$\pi_R = (p_N - \omega_N)q_N + (p_{O1} - \omega_{O1})q_{O1} + (p_{O2} - \omega_{O2})q_{O2} + (v - 1)p_Rq_{R1}$$
$$(3 - 21)$$

与模型Ⅱ相同，在产品市场和回收市场的竞争函数如下：

$$\begin{cases} p_R = -k + mq_{O1} + nq_{O2} \\ p_{R2} = -k + mq_{O2} + nq_{O1} \end{cases} \quad 且 \begin{cases} q_N = Q - ap_N + bp_{O1} + bp_{O2} \\ q_{O1} = Q - ap_{O1} + bp_N + bp_{O2} \quad (3-22) \\ q_{O2} = Q - ap_{O2} + bp_N + bp_{O1} \end{cases}$$

回收外包的斯坦伯格模型（模型Ⅲ）为：

$$\begin{cases} \max_{p_N, p_{O2}, p_R} \pi_R = (p_N - \omega_N)q_N + (p_{O1} - \omega_{O1})q_{O1} + (p_{O2} - \omega_{O2})q_{O2} + (v-1)(-k + mq_{O1} + nq_{O2})q_{R1} \\ \max_{\omega_{O2}} \pi_{RM} = (\omega_{O2} - c_R - (-k + mq_{O2} + nq_{O1}))q_{O2} \\ \max_{\omega_N, \omega_{O2}} \pi_M = (\omega_N - c_N)q_N + (\omega_{O1} - c_R - v(-k + mq_{O1} + nq_{O2}))q_{O1} \end{cases}$$

$$(3-23)$$

类似地，模型Ⅲ也采用逆向归纳法求解，得到所有供应链主体的定价策略和利润。

3.2.3 不同循环供应链多主体回收联盟策略

在由一个制造商、一个零售商和一个第三方再制造商组成的供应链系统中，制造商生产一种产品，既可以完全使用原材料进行生产，也可以使用回收产品的部分零件进行生产。制造商通过零售商进行销售，然后，由第三方再制造商负责回收。第三方再制造商负责回收的循环供应链中存在三个决策主体，且存在四种渠道结构：无战略联盟（N）、制造商与第三方再制造商战略联盟（M+3P）、零售商与第三方再制造商战略联盟（R+3P）和零售商与制造商战略联盟（R+M）。无战略联盟情形，将作为后三种战略联盟情形比较的基准。

以 c_m 表示制造商采用原材料生产新产品的单位成本；c_r 表示制造商采用回收旧产品进行生产的单位成本；p 表示产品的零售价格，为零售商的决策变量；ω 表示产品的批发价格，为制造商的决策变量；τ 表示回收到的旧产品占需求的比例，为第三方再制造商的决策变量，且 $\tau \in (0, 1)$；$\bar{\omega}$ 表示制造商支付给第三方再制造商回收品的单位价格；π_i^j 表示联盟 j 下供应链主体 i 的利润，其中，$i = R, M, 3P, S$ 分别表示零售商、制造商、第三方再制造商和供应链，$j = N, M+3P, R+3P, R+M$ 分别表示无战略联盟、制造商与第三方再制造商战略联盟、零售商与第三方再制造商战略联盟和零售商与制造商战略联盟。

假设 D（p）= a - bp 表示产品的需求函数，其中，a 表示市场潜在需求，b 表示价格敏感系数；假设制造商生产一件新产品的单位成本大于使用回收产品进行再制造的单位成本，即 $c_m > c_r$，这表示制造商进行再制造可以节约成本；令 $\lambda = c_m - c_r$，假设 $\lambda > \omega$，表示制造商节约的单位成本大于其购买单位回收产品的价格，否则，制造商进行再制造是无利可图的；假设 τ 与第三方再制造商的投资量相关，即 $\tau = \sqrt{I/k}$，其中，k 表示回收努力成本参数，I 表示投资成本，回收成本为回收比例的凸函数，这表明随着回收比例的增加，回收投资成本将急剧增加，即过分追求高回收比例是不经济的；假设零售商的零售成本与第三方再制造商支付给消费者回收品的费用分别为 ζ_1 和 ζ_2，且二者为常数，为不失一般性，设 $\zeta_1 = \zeta_2 = 0$，需要指出，即使二者不为 0，也不会改变结论，仅会增加数学处理的复杂性。

由此可以得到不同情景下供应链不同主体的利润函数，其中，根据制造商领导的假设，可通过逆向归纳法求解：在无战略联盟下，$\pi_R^N = （p - \omega）D（p）$，$\pi_{3p}^N = \bar{\omega}\tau D（p）- k\tau^2$，且 $\pi_M^N = （\omega - c_m + \Delta\tau - \bar{\omega}\tau）D（p）$；在制造商与第三方再制造商战略联盟下，$\pi_{M+3P}^N = （\omega - c_m + \Delta\tau）D（p）- k\tau^2$；在零售商与第三方再制造商战略联盟下，$\pi_{R+3P}^N = （p - \omega + \bar{\omega}\tau）D（p）- k\tau^2$；在零售商与制造商战略联盟下，$\pi_M^N = （p - c_m + \Delta\tau - \bar{\omega}\tau）D（p）$。

3.3　循环供应链网络构建的问题分析

3.3.1　制造商最优回收策略分析

命题 3 - 1：制造商总是会选择回收，具体方法的选择取决于制造商的自行回收成本和外包补贴成本的权衡。

模型结果表明，如果 $u = （v - 1）p_{R2}$，那么，制造商的利润函数在模型 II 和模型 III 中是相等的。换句话说，如果对于制造商来说不同渠道的回收成本是相等的，那么，制造商可以选择自己回收或者外包给零售商。

如果对回收活动有更多的激励措施，比如，政府政策，或者在设计过程中提高模块化水平，那么，就会减少 $c_R u$，这意味着，无论回收市场的竞争有多激烈，都会有更多公司愿意回收。随着越来越多的公司选择电子商务销售产品，可以合理地预测，制造商缺乏分销渠道将使回收外包越来越重要。因此，对于容易运输、回收且销量大、价值小的产品而言，零售商回收会导致更低的利润和更高的成本；而对于制造商来说，在这种情况下，直接进行回收会更合理，即，$u > (v-1) p_{R2}$。相应地，对于价值较高的产品，制造商愿意将回收活动全部外包给零售商，并支付一定补偿 u，否则，制造商将选择自己回收。

命题 3-2：如果制造商选择外包回收业务，回收市场的价格敏感性会增加，从而提高回收效率。

根据模型 Ⅱ 和模型 Ⅲ 的模型结果（$\omega_{01}^{Ⅱ*}$ 和 $\omega_{01}^{Ⅲ*}$），与模型 Ⅲ 中的 v 相比，实际上，u 对制造商批发定价策略的影响是非常有限的。另外，在第三个模型中，v 的作用是将 m、n 变为 vm、vn。换句话说，如果制造商选择将回收业务外包（v），最终将相当于把批发定价策略的影响因子 m、n 提高为 vm、vn。因此，可以将这种影响看作回收市场价格敏感性的增加。

命题 3-3：如果制造商选择将代收代销业务外包给零售商，将会提高批发价格以平衡成本，并给予零售商较大补贴。如果制造商提高对逆向供应链的补贴，零售商可能会获得更多利润，但是，在正向链中最终失去利润。

如果 v 超过零售商回收价格的两倍，制造商会通过提高其批发价格来平衡反向链的损失，从而在正向链中获得更多利润。而零售商在反向链中获利，在正向链中亏损。作为供应链的领导者，制造商总能找到最大化利润的方法。在供应链中，供应链正向部分或反向部分的利润甚至可以实现协同调整，而供应链可以为制造商提供更多选择，以同时实现最佳财务结果和环境要求。

命题 3-4：在制造商选择自行实施回收的条件下，制造商再制造产品的批发价格与单位回收成本呈正相关。

供应链的可控性意味着，预测的难度和改变定价策略的难度。从长期来看，一些外生变量可以转化为内生变量，因此，如果一方可以通过投资改变其定价策略，那么，供应链就更加可控。如果 $\frac{\partial \omega_{01}^*}{\partial u} > 0$，那么，

$\begin{cases} am - bn > 0 \\ bm - an < 0 \end{cases}$，其中，$L_3 < 0$。在现实中，$a > b > 0$ 且 $m > n > 0$，因此，$am - bn > 0$ 成立。一般来说，再制造品的价格总是低于新产品价格。因为人们对高价格产品的边际价格增量更敏感，这意味着，新产品的价格应带来比再制造品更大的影响：$\frac{b}{a} < \frac{n}{m}$，$\frac{\partial \omega_{01}^*}{\partial u} > 0$。因此，如果制造商选择自己进行回收，再制造品的批发价格（ω）与单位回收成本（u）呈正相关关系。一般来说，成本增加总是会导致价格提高，制造商也需要从逆向链中找到平衡成本的方法。然而，制造商并未降低回收市场的价格，而是选择从正向链中获取更多利润来平衡成本。因此，供应链不仅可以为制造商提供更多利润和业务，而且可以提供更多渠道启动其对供应链的影响，以及更多方法改善成本管理。

命题 3 - 5：在制造商选择外包回收的情况下，制造商再制造品的批发价格与任何外生变量无明显的相关关系。

对于快速消费品，在分析 Q 值时，$\frac{c_R}{v}$ 可以忽略。因此，ω_{01}^* 与 v 之间的关系并不清楚。换句话说，如果制造商选择外包回收活动，且其他决策者的决策未知，制造商就无法预测再制造品的批发价格。

命题 3 - 6：制造商的回收外包策略对第三方再制造商的影响比自行回收策略更明显，将直接影响第三方再制造商的长期定价策略。

根据模型 II 和模型 III 的结果可知，$\frac{\partial \omega_{02}^{II*}}{\partial u} \mid_{\overline{\omega_{01}^*}} = 0$，$\frac{\partial \omega_{02}^{III*}}{\partial v} \mid_{\overline{\omega_{01}^*}} = \left(\frac{1}{2a} + \frac{(m+n)}{4L_2}\right)(a - b)\,m > 0$。这表明，尽管市场在制造商不同回收决策下存在竞争，但是，这种决策会对第三方再制造商的行为产生不同影响。如果制造商选择自行回收策略，第三方再制造商不会明显地被制造商的回收策略（u）影响。然而，如果制造商选择外包回收策略，第三方再制造商将

立即受到制造商回收策略（v）的影响，因为 $\frac{\partial \omega_{02}^{\text{III}*}}{\partial v}\big|_{\overline{\omega_{01}^*}} > 0$，所以，第三方再制造商将提高批发价格。有趣的是，这一现象表明，制造商的回收策略对第三方再制造商正向定价策略的影响要大于其对第三方再制造商反向定价策略的影响。换句话说，制造商的回收策略将在正向供应链中实现对第三方再制造商销售策略的可控性。

3.3.2　制造商最优回收策略对其他供应链主体影响机理分析

零售商的定价策略，是制造商不同回收决策的最直接反映。因为消费者只能从零售商处购买产品，所以，有必要确定制造商的不同选择会影响什么。

命题3 - 7： 在消费者对新的市场更感兴趣的情况下，当另一种产品进入市场时，其他产品的价格会下降。

根据模型Ⅰ~模型Ⅲ的结果，其他产品的定价策略为：

$$\text{I}\begin{cases} p_N^* = \dfrac{Q}{2(a-b)} + \dfrac{\omega_N^*}{2} \\ p_{02}^* = \dfrac{Q}{2(a-b)} + \dfrac{\omega_{02}^*}{2} \end{cases} \text{II}\begin{cases} p_N^* = \dfrac{Q}{2(a-2b)} + \dfrac{\omega_N^*}{2} \\ p_{01}^* = \dfrac{Q}{2(a-2b)} + \dfrac{\omega_{01}^*}{2} \\ p_{02}^* = \dfrac{Q}{2(a-2b)} + \dfrac{\omega_{02}^*}{2} \end{cases} \text{III}\begin{cases} p_N^* = \dfrac{Q}{2(a-2b)} + \dfrac{\omega_N^*}{2} \\ p_{01}^* = \dfrac{Q}{2(a-2b)} + \dfrac{(1-v)m}{2} + \dfrac{\omega_{01}^*}{2} \\ p_{02}^* = \dfrac{Q}{2(a-2b)} + \dfrac{(1-v)m}{2} + \dfrac{\omega_{02}^*}{2} \end{cases} \quad (3-24)$$

对比模型Ⅰ和模型Ⅱ，当制造商选择自行回收时，如果 a > 2b，那么，价格会上升；如果 a < 2b，那么，价格会下降。这表明，随着市场竞争加剧，消费者可以从竞争中获益更多。竞争产品所获得的影响，也可以看作消费者对不同价格的敏感性。

命题3 - 8： 如果制造商选择自行回收而不是外包，则新产品的价格更低。

对比模型Ⅱ和模型Ⅲ，v > 1，$\frac{(1-v)m}{2}$ 为负，如果制造商选择自行回收，那么，再制造产品的价格会更高。为了获得更多利润，如果制造商选择外包回收活动，零售商愿意降低价格，在较低风险下增加市场份额。换句话说，考虑到额外回收业务以及制造商提供的附加补偿，零售商会更愿意降低销售价格提高销售量。

命题 3 - 9：在制造商选择外包回收的条件下，第三方再制造商的再制造品批发价与回收激励呈正相关。

如果制造商选择外包回收活动，那么，第三方再制造商需要考虑制造商的回收活动。否则，如果制造商选择进行回收，则第三方再制造商不需要考虑制造商的回收活动。因此，制造商自行回收可以使第三方再制造商更容易做出决策。

对参数赋值进行算例分析，设定参数为：回收系数 $m = 0.5$，$n = 0.3$，制造新产品的单位成本 $c_n = 5$，再制造旧产品的单位成本 $c_r = 2.5$，制造商进行回收的单位成本 $u = 2.5$。同时，潜在市场需求 $Q = 100\ 000$，潜在回收供应 $r = 100\ 000$。不同 b 值下的 $\omega_n - a$ 见图 3 - 4。

观察 3 - 1：如果消费者对新产品（或再制造品）的价格越来越敏感，那么，新产品（或再制造品）的批发价格将持续下降，这种相互作用同时减弱。

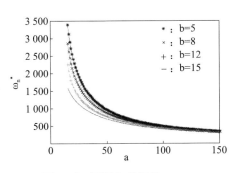

图 3 - 4　不同 b 值下的 $\omega_n - a$

资料来源：笔者绘制。

从图 3 - 4 可以看出，在固定值 b 下，新产品的批发价格（ω_n^*）与消费者对产品的敏感性成负相关关系 $\left(a\dfrac{\partial \omega_n^*}{\partial a} < 0 \right)$，在实践中是有解释力的。销售数量的边际降幅越来越大，制造商不得不降低批发价格（间接降低销售价格）来维持基本的市场份额。当 a 足够大时，通常是在完全竞争的市

场上，制造商会试图降低价格实现薄利多销。此外，曲线 $\omega_n^* - a$ 的斜率是随着 a 增加而减小的，即 $\dfrac{\partial^2 \omega_n^*}{\partial a^2} > 0$，这意味着，当 a 足够大时，$\omega_n^*$ 将不再对 a 敏感。

从图 3 − 4 可以看出，在固定的 a 值下，消费者对竞争品的敏感性 b 会增加 a 对 ω_n^* 的影响，即 b 值越高会导致越低水平的 ω_n^*。换句话说，如果消费者对竞争品非常敏感，那么，制造商就会愿意降低价格以获得更多市场份额。

为了研究 b 造成的更具体的影响，固定 $\bar a = 40$ 下的 $\omega_n - b$，如图 3 − 5 所示。在固定的 $\bar a = 40$ 下，$0 < b < 40$ 自然成立。虽然 ω_n^* 在 b 的定义域中是连续的，但是，一些结果不是连续的，不连续点出现在 b = 20。

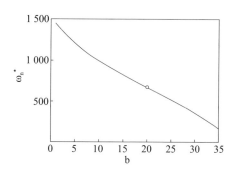

图 3 − 5　固定 $\bar a = 40$ 下的 $\omega_n - b$

资料来源：笔者绘制。

观察 3 − 2：如果消费者对竞争产品的价格越来越敏感，那么，新产品（或再制造产品）的批发价格也会不断下降。

从图 3 − 5 可以看出，在 $b \in (0, 20)$ 和 $b \in (20, 40)$ 的两个区间内，新产品的批发价格 ω_n^* 与消费者对产品的敏感性 b 呈负相关关系，即 $\dfrac{\partial \omega_n^*}{\partial a} < 0$。当消费者对竞争品的价格越来越敏感时，竞争者会根据命题 3 −7 试图降低价格以吸引消费者。为了抵消负面影响，制造商必须降低价格。

观察 3 − 3：消费者对于不同产品的态度（敏感度）会影响制造商的定价决策。

当 $b \in (0, 20)$ 和 $b \in (20, 40)$ 时，$\dfrac{\partial^2 \omega_n^*}{\partial b^2}$ 的值是不同的：$\dfrac{\partial^2 \omega_n^*}{\partial b^2}$ $|_{b \in (0,20)} > 0$，$\dfrac{\partial^2 \omega_n^*}{\partial b^2} |_{b \in (20,40)} < 0$。换句话说，有：$\dfrac{\partial^2 \omega_n^*}{\partial b^2} |_{0 < 2b < a} > 0$，$\dfrac{\partial^2 \omega_n^*}{\partial b^2} |_{2b > a > 0} < 0$。当消费者对竞争产品的价格不太敏感时（$0 < 2b < a$），b 增加将导致制造商降低价格。此外，消费者对制造商的产品更敏感，降价所增加的市场份额并不重要，利润的减少（单位利润的减少）可能更关键。因此，当 $0 < 2b < a$ 时，有 $\dfrac{\partial^2 \omega_n^*}{\partial b^2} < 0$。另外，当消费者对竞争产品的价格更敏感时，当 $2b > a > 0$ 时，制造商会更加重视市场竞争，b 的上升会使制造商感到更多威胁，会试图保持市场份额。因此，当 $0 < 2b < a$ 时，有 $\dfrac{\partial^2 \omega_n^*}{\partial b^2} < 0$。

3.3.3　不同回收联盟回收效率对比分析

命题 3 - 10：四种联盟策略相比，最优零售价格大小关系为：若 $\lambda > 2\bar{\omega}$，则 $p^N > p^{R+3P} > p^{M+3P} > p^{R+M}$；若 $\lambda < 2\bar{\omega}$ 且 $k > k_1$，则 $p^N > p^{R+3P} > p^{M+3P} > p^{R+M}$；若 $\lambda < 2\bar{\omega}$ 且 $k_0 < k < k_1$，则 $p^N > p^{M+3P} > p^{R+M} > p^{R+3P}$。

命题 3 - 10 表明，三种战略联盟渠道结构下零售价格总是低于无战略联盟的零售价格，这意味着，供应链中零售商、制造商和第三方再制造商任意两方的联盟都有利于零售价格的降低。$\lambda > 2\bar{\omega}$ 说明，制造商支付给第三方再制造商的回收价格较低，此时，制造商和零售商联盟制定的零售价格最低，原因在于，较低的回收价格使联盟的制造商和零售商降低了生产成本。然而，当第三方再制造商回收的努力成本相对较小，如 $k_0 < k < k_1$，此时，零售商和第三方再制造商的战略联盟制定的零售价格最低。以上分析表明，不同战略联盟渠道结构下零售价格的高低与回收价格和回收努力成本参数相关。

命题 3 - 11：四种战略联盟策略相比，最优的需求量大小关系为：若 $\lambda > 2\bar{\omega}$，则 $D^N < D^{R+3P} < D^{M+3P} < D^{R+M}$；若 $\lambda < 2\bar{\omega}$ 且 $k > k_1$，则 $D^N < D^{R+3P} < D^{M+3P} < D^{R+M}$；若 $\lambda < 2\bar{\omega}$ 且 $k_0 < k < k_1$，则 $D^N < D^{M+3P} < D^{R+M} < D^{R+3P}$。

需求量是关于零售价格的减函数，因此，有以上结论。在无战略联盟情形下零售价格最高，此时需求量最少。该命题说明，不同渠道结构下需求量的多少与回收价格和回收努力成本参数相关。

命题 3 – 12：四种战略联盟策略相比，N 策略下的最优回收率最低，其他三种战略联盟策略的最优回收率大小关系为：若 $0 < \bar{\omega} < \dfrac{\lambda}{2}$ 或 $k > k_3$，则 $\tau^{M+3P} > \tau^{R+M} > \tau^{R+3P}$；若 $\dfrac{\lambda}{2} < \bar{\omega} < \dfrac{2\lambda}{3}$ 且 $k_0 < k < k_3$，则 $\tau^{R+M} > \tau^{M+3P} > \tau^{R+3P}$；若 $\dfrac{2\lambda}{3} < \bar{\omega} < \dfrac{\sqrt{2}\lambda}{2}$ 且 $k_0 < k < k_3$，则 $\tau^{R+M} > \tau^{R+3P} > \tau^{M+3P}$；若 $\dfrac{\sqrt{2}\lambda}{2} < \bar{\omega} < \lambda$ 且 $k_4 < k < k_3$，则 $\tau^{R+M} > \tau^{R+3P} > \tau^{M+3P}$；若 $\dfrac{\sqrt{2}\lambda}{2} < \bar{\omega} < \lambda$，则 $\tau^{R+3P} > \tau^{R+M} > \tau^{M+3P}$。

命题 3 – 12 指出，无战略联盟的渠道结构下最优回收比例最低，这表明第三方再制造商负责回收循环供应链战略联盟有助于提高回收品数量。不同的回收价格和回收努力成本参数，影响了三种战略联盟渠道结构下最优回收比例的大小关系。这意味着，制造商可以通过调整回收价格来控制战略联盟的形式，而第三方再制造商可以通过改变努力成本参数（如增加或减少回收点数量）来影响战略联盟形式。

最优回收比例的大小关系见图 3 – 6，可以做分析。区域 A 的管理意义是，当回收努力成本参数比较高时，制造商与第三方再制造商战略联盟渠道结构下回收比例最高。原因在于，此种情形下，无论是第三方再制造商与零售商的战略联盟还是第三方再制造商都无法承担过高的回收成本，回收再制造并未对第三方再制造商和零售商带来直接利益。然而，制造商虽然承担了高额的回收成本，但是，生产成本的节约能弥补承担的高额回收成本。区域 B 的管理意义是，此区域中第三方再制造商所承担的努力成本适中，此时，零售商与制造商战略联盟下回收比例最高。这意味着，制造商自产自销模式能激励第三方再制造商回收更多产品，但制造商需要为第三方再制造商支付较高的回收价格。区域 C 的管理意义是，在区域 A，即使制造商为第三方再制造商支付较高的回收价格也不能激励第三方再制造商回收，而在区域 C，回收成本较低使较高的回收价格能够激励第三方再制造商回收更多旧产品。同时，较高的回收比例能为制造商节约更多生产成本以弥补较高的回收品成本。

命题 3 – 13：模型 N 与模型 M + 3P 相比，模型 N 下零售商最优利润低于模型 M + 3P 下零售商的最优利润；当 $\lambda \leqslant 2\bar{\omega}$ 时，模型 N 下制造商与第三方再制造商最优利润之和低于模型 M + 3P 下制造商与第三方再制造商最优利润；当 $\lambda > 2\bar{\omega}$ 时，若 $k_0 < k < k_5$，模型 N 下制造商与第三方再制造商最优利润之和高于模型 M + 3P 下制造商与第三方再制造商最优利润；若 $k > k_5$，模型 N 下制造商与第三方再制造商最优利润之和低于模型 M + 3P 下制造商与第三方再制造商的最优利润。

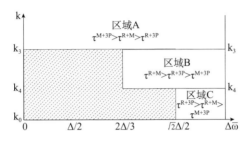

图 3 – 6　最优回收比例的大小关系

资料来源：笔者绘制。

与无战略联盟相比，当制造商与第三方再制造商联盟时，零售商会从供应链其他成员的战略联盟中获利。原因在于，制造商与第三方再制造商战略联盟下能回收更多旧产品用于再生产，为制造商节约更多生产成本，促使制造商降低批发价格，也为零售商降低零售价格提供了条件，较低的零售价格能为零售商获取更多市场需求并带来更多利润。然而，制造商与第三方再制造商之间是否需要战略联盟取决于回收价格和回收努力成本参数。如果制造商支付给第三方再制造商的回收价格较高，或者第三方再制造商的回收努力成本参数较高，那么，制造商和第三方再制造商之间有动机进行联盟。

命题 3 – 14：模型 N 与模型 R + 3P 相比，模型 N 下零售商的最优利润低于模型 R + 3P 下零售商的最优利润；当 $k_0 < k < k_6$ 时，模型 N 下零售商与第三方再制造商最优利润之和高于模型 R + 3P 下零售商与第三方再制造商最优利润；当 $k > k_6$ 时，模型 N 下零售商与第三方再制造商最优利润之和，低于模型 R + 3P 下零售商与第三方再制造商的最优利润。

命题 3 – 14 指出，制造商在零售商与第三方再制造商战略联盟中获利。而零售商与制造商是否需要战略联盟取决于回收努力成本参数的大小，当回收努力成本参数较低时，零售商与第三方再制造商之间无须战略联盟；当回收努力成本参数较高时，零售商与第三方再制造商之间战略联盟能为其获得更多利润。

命题 3 – 15：模型 N 与模型 R + M 相比：模型 N 下第三方再制造商最优利润低于模型 R + M 下第三方再制造商最优利润；模型 N 下零售商与制造商最优利润之和，低于模型 R 下零售商与制造商最优利润。

命题 3 – 15 说明，第三方再制造商在零售商与制造商战略联盟中获利，同时，零售商与制造商的战略联盟总能获得更多利润。供应链利润的复杂性难以对各种渠道结构下的供应链利润进行比较，将通过算例分析研究回收成本参数、回收价格、市场潜在需求和再制造单位节约成本对各种渠道结构下供应链利润的影响。

回收成本参数对供应链利润的影响见图 3 – 7。由图 3 – 7 可以观察到，回收努力成本参数越大，四种战略联盟渠道结构的供应链利润都是减少的，这意味着，降低回收努力成本是增加供应链利润的一条有效途径。这就需要第三方再制造商不断改进回收方式，提高回收效率；零售商与制造商战略联盟下供应链利润最高，而无战略联盟下供应链利润最低。

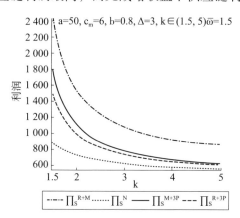

图 3 – 7　回收成本参数对供应链利润的影响

资料来源：笔者绘制。

回收价格对供应链利润的影响见图 3 – 8。由图 3 – 8 可以观察到，随着回收价格提高，不同回收渠道下供应链利润的变化不尽相同。无战略联盟与零售商和制造商战略联盟两种情形的变化趋势类似，即随着回收价格的增加，供应链利润先增大、后减小。这意味着，较高的回收价格致使制造商不能从再制造中获取更多利润，而较低的回收价格又不能激励第三方再制造商回收更多旧产品。只有在零售商与第三方再制造商战略联盟情形下，回收价格越高使供应链利润越大。此时，制造商会牺牲自身利益，这就需要零售商与第三方再制造商对制造商利润的损失进行补偿。

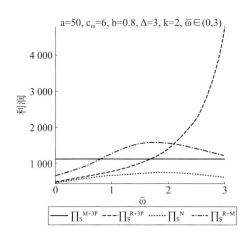

图 3 – 8　回收价格对供应链利润的影响

资料来源：笔者绘制。

市场潜在需求对供应链利润的影响见图 3 – 9。由图 3 – 9 可以观察到，市场潜在需求越大，四种渠道结构的供应链利润都是增加的，这意味着，增加市场潜在需求是供应链利润增加的另一条途径，这就需要零售商加大宣传力度以增加消费者对产品的认可度。

再制造单位节约成本对供应链利润的影响见图 3 – 10。由图 3 – 10 可以观察到，再制造单位成本节约越大，四种渠道结构下供应链利润都是增加的。这意味着，降低再制造成本是供应链利润提高的一条途径，需要第三方再制造商回收到更高质量等级的旧产品，降低制造商再制造所需成本。

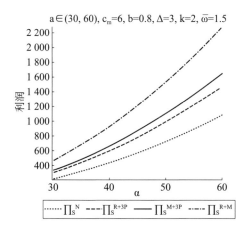

图 3 - 9　市场潜在需求对供应链利润的影响

资料来源：笔者绘制。

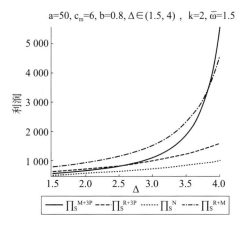

图 3 - 10　再制造单位节约成本对供应链利润的影响

资料来源：笔者绘制。

3.4　本章小结

本章研究了循环供应链的网络构建和多主体联盟策略，在多主体参与循环供应链的复杂情况下研究了循环供应链中不同主体的最优定价策略。

第一，研究了制造商的三种不同网络构建策略：制造商拒绝回收业务，制造商自行开展回收业务和制造商外包回收业务，在此基础上，分析了制造商的最优决策、不同回收策略的可控性以及对零售商和第三方再制造商的影响。第二，研究了循环供应链的四种战略联盟渠道网络结构：无战略联盟渠道网络结构、制造商与第三方再制造商战略联盟渠道网络结构、零售商与第三方再制造商战略联盟网络结构和零售商与制造商战略联盟网络结构，考察了这四种渠道网络结构对循环供应链决策的影响，研究发现：其一，只要回收成本不是太高，制造商总是会选择开展回收业务，而具体的网络构建策略则取决于行业指数 u 和 v 的选择，在自行回收情形下，制造商的再制造品的批发价格和单位回收成本正相关，而回收渠道的投资可以降低单位回收成本，进一步提高供应链的可控性；其二，在合理的回收成本下，零售商更希望制造商外包回收业务，也更愿意基于获得的制造商回收补贴降低产品价格，为了更方便地制定定价策略并进行预测，第三方再制造商希望制造商自行回收。第三，无战略联盟渠道结构下零售价格最高、需求量最少，而且回收比例最低，而循环供应链中任意两方进行战略联盟都会使得另外一方的利润增加，在一定条件下，循环供应链的任意两方有战略联盟的动机。第四，战略联盟下的回收比例大小与回收价格和回收努力成本参数相关。

第 4 章 循环供应链回收竞争

基于废弃产品回收再利用显著的经济效益、社会效益和环境效益，越来越多的供应链主体加入回收业务中，加剧了回收市场的竞争强度。为了应对来自外部的回收竞争，循环供应链核心企业不断向消费者提供新的废旧产品回收激励策略，以提高其在回收竞争市场中的占比，保证全要素的有效循环。基于竞争新业态，回收市场的核心竞争要素经历了从绿色营销到经济激励再到回收服务的演进过程，当下的循环供应链核心企业试图通过不断提高回收服务水平来吸引消费者。针对第三方回收商面临的服务策略制定难题，本章基于回收服务驱动消费者返还废旧产品行为的视角，在第三方回收商加入回收竞争的情景下，研究了循环供应链核心制造商的最优服务策略及其影响因素，以支持企业制定最优回收服务策略。本章同时分析了第三方回收商的回收策略，提出新的基于回收服务的回收函数，提出支持企业应对回收服务竞争的管理启示。

4.1 概述

激励消费者返还废弃产品，一直是循环供应链上下游企业首要考虑的因素。在相关环保政策推动下，如中国 2012 年出台的《废弃电器电子产品处理基金征收使用管理办法》和 2024 年出台的《健全废旧家电家具等再生资源回收体系典型建设工作指南》，企业会有足够动力和政策指引来吸收市场上废弃的消费品。因此，企业会关注影响消费者返还意愿的核心因素的演变。在 21 世纪初，政府和企业一般通过环保宣传和环保教育来提高居民的废弃产品妥善处理意识，实现废弃产品的有效回收。在后期，经济激励成为促进产品回收的主要因素。2020 年前后，经济激励仍然是企业的重要手段，回收市场的完全竞争化使各回收商提供的废弃产品回收价格逐渐趋同，经济激励从订单赢得要素变为订单资格要素。

本章从循环供应链回收竞争市场的核心竞争要素演进视角出发，深化了消费者效用函数，构建了全新的回收渠道便利因素分析模型，研究了制造商和循环供应链外部第三方回收商之间的回收竞争。本章确定了渠道便利水平对竞争回收的决定机制，确定了回收竞争对于供应链主体价格和便利水平决策的影响，确定了回收竞争对再制率、再循环率和回收竞争的影响。不同于制造商和零售商之间的竞争，因为缺乏供应链合作基础，制造商负责承担正向供应链业务和逆向供应链业务，所以，第三方回收商只专注于逆向供应链而与制造商没有合作关系。本章的研究为循环供应链回收竞争问题的研究提供了更具解释性的消费者效用函数。

4.2　循环供应链回收竞争的问题描述和建模

4.2.1　问题描述

为研究通道便利水平、竞争回收、制造商和第三方回收商在回收业务上展开的竞争，构建一个单级多主体的供应链模型，模型框架见图 4 - 1。在该模型中，制造商负责购买原材料制造产品并销售产品，即投资回收渠道以提高渠道便利水平，然后，回收使用过的产品以降低制造成本。第三方回收商负责投资一个回收渠道，回收二手产品，然后，将二手产品卖给供应链上游。本章的研究为本书的研究体系提供了用消费者效用函数刻画重视渠道便利水平的消费者行为。

在模型中，为了关注竞争回收水平和通道便利水平，做了一些主要的假设。第一，与之前的研究一致（Galbreth et al.，2013），假设一个单周期问题，不考虑库存、物流、提前期或运输成本；第二，回收产品的随机质量和回收的随机成本（Mukhopadhyay and Setaputra，2011），与回收竞争的相关性较小，因此，假设回收产品的质量和回收成本是恒定的（Hong et al.，2017）；第三，不考虑信息不对称问题（Li et al.，2012），而是假设回收业务存在一个完全竞争的市场（Savaskan and Van Wassenhove，2006）。此外，一些基本假设的具体解释如下：

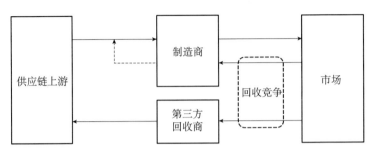

图 4 - 1　模型框架

资料来源：笔者绘制。

假设 4 - 1：一种新产品的需求及其销售价格呈负线性关系，而销售价格由制造商决定。

不同种类的消费者以一定的价格 $p \in (0, 1)$ 购买产品以获得效用 $u \in [0, 1]$，因此，消费者对新产品的效用是 $U_N = u - p$。假设 u 呈均匀分布，密度为 1，新产品的市场规模归一化为 1；然后，有 $u \sim U(0, 1)$。如果 $U_N = u - p \geqslant 0$，消费者对新产品的需求为 $d = \int_p^1 1du = 1 - p$（Chiang et al.，2003；Zhou et al.，2017）。尽管需求函数 $d = 1 - p$ 在价格竞争中已经扩展到更复杂的函数（Yenipazarli，2016），但本章还是保持没有价格竞争的假设，只专注于一个制造商的目标。

假设 4 - 2：回收的产品以不同方式进行处理，或是通过制造商进行再制造，或是通过第三方回收商进行回收再循环。

正如在介绍中提到的，技术壁垒较低和功能部件价值较高，制造商总是更喜欢再制造（Debo et al.，2005；Savaskan et al.，2004）。制造商生产全新的产品，以单位成本 c 消耗上游供应商的原材料。在逆向供应链中，回收率 $\tau_M \in (0, 1)$ 是制造商通过再制造方式生产的产品与所有产品的比率，决定了制造商不同的总成本。

再制造方式可降低成本量为 δ，使再制造产品的单位成本降低为 $c - \delta$，进而，总成本为 $[(c - \delta) \tau_M + c(1 - \tau_M)] d = (c - \delta\tau_M) d$。为了区别制造商和零售商的回收率，命名 τ_M 为再制造率。

第三方回收商只能提取可回收材料（Zou et al.，2016），或者直接向政府申请补贴（Liu et al.，2016）。政府补贴会随着时间的变化而变化，可回收材料的残值可以销售给上游市场（见图 4-1）。因此，第三方回收商以回收率 $\tau_T \in (0,1)$ 回收废旧产品，回收后作为开发原料批发给上游供应商补偿 k。第三方回收商回收业务的总收入为 $k\tau_T$，同样，称 τ_T 为再循环率。

再制造率和再循环率，是分布函数在其各自的回收效用域 D（v）上的积分 $\tau_i = \int_{D(v)} f(v)dv = \int_{D(v)} 1dv$。

假设 4-3：在回收竞争中，制造商和第三方回收商会通过投资自己的反向渠道进行竞争，提高渠道对消费者的便利水平。

在所有对消费者的回收激励（经济补偿、环境保护、更低的销售价格等）中，回收过程的便利水平是消费者决定退货时首要的考虑因素。消费者感知到的整体回收体验取决于回收运输（零售商店）、回收服务和回收效率。在回收业务和反向渠道上的更高投资将显著提高回收的便利水平，并鼓励更多消费者归还他们使用过的物品（Wagner，2011）。

假设 4-4：在循环供应链模型中，制造商在供应链中的支配地位确保了其在斯坦伯格博弈中的领导地位，而第三方回收商总是在制造商之后做出决策。

在有关循环供应链的既有研究中，分析了不同的领导模式，制造商、零售商或第三方回收商都有可能在某些业务中领导竞争性回收。然而，在大多数实际场景中，制造商是天然的领导者，原因在于，它拥有渠道、技术、消费者信任等优势（Atasu et al.，2013）。因此，假设制造商领导循环供应链，然后，是第三方回收商。

4.2.2　考虑回收服务便利水平的消费者行为

受制造商（M）或第三方回收商（T）控制，回收的便利水平和免费的回收服务（一些国家有废物处理费用 φ）共同吸引消费者返还使用过的产品（Wagner，2011）。因为消费者在没有激励的情况下不愿意返还，不可避免地导致消费者不愿意返还的意愿（v）（Chiang et al.，2003；Simpson et al.，2019），所以，这在一些研究中定义为产品的残值。假设异质消费者服从密度为1的均匀分布，$v \sim U$（0，1）；且回收市场的消费者密度归一为 f（v）=1（Ferguson and Toktay，2006）。

回收的便利水平（$s_i \in$（0，1），i = M，T）由制造商和第三方回收商确定。一般来说，回收的便利水平取决于运输成本、运输时间、交互成本等消费者能够具体感知的因素。经济诱因，如返现优惠和折扣价格是临时的促销活动，不是长期政策。更高的渠道便利水平 s_i，最终反映在更高的消费者效用上。此外，一定便利水平的成本表明，渠道便利水平的边际成本 $\frac{A}{2}s_i^2$ 随着回收便利水平的增加而增加（Tsay et al.，2018）。

对于制造商来说，回收业务的效用 U_M 受到回收便利水平和废物处理费用的影响。因为有 f（s_M）= s_M - v，假定 $\widehat{s_M}$ = s_M - φ，函数 f（$\widehat{s_M}$）= s_M - φ - v 和 f（s_M）的凹性和最优解是相同的，几乎不影响决策变量和回收效率，所以，φ 可以简单地看作回收便利水平的辐度。因此，为了简便起见，在研究中忽略了垃圾处理费用的影响，并进行了设定：U_M = s_M - v。

正如在前文中提到的，第三方回收商通常是在线的电子商务平台，而消费者因习惯和更高的企业信任度，往往更喜欢传统的系统和线下系统。即使第三方回收商拥有线下商店，制造商也更容易通过其现有的零售网络直接接触消费者（Feng et al.，2017）。因此，消费者更不愿意将废旧产品返还第三方回收商，其中，消费者对厂家回收渠道的偏好造成的渠道歧视定义为 $\theta \in$（1，+∞）。对于第三方回收商，回收业务的消费者效用为 U_T = s_T - θv。

4.2.3　不同回收市场竞争结构下博弈模型

在研究竞争回收对消费者便利水平的影响之前，以没有竞争的回收市场为基准，研究集中模型下的供应链联盟的回收情况。在这个理想的场景中，所有回收后的产品都可以进行再制造。制造商为提高再制造率，投资于回收的便利水平 s_{Mo} 的成本为 $\frac{A}{2}s_{Mo}^2$，消费者效用为 U_{Mo} = s_{Mo} - v。根据行为理论，当且仅当 U_{Mo} > 0 时，消费者选择将其产品归还制造商。因此，在假设均匀分布的情况下，联盟的再制造率为 $\tau_{M_0} = \int_0^{s_{M_0}} 1\,\mathrm{d}v = s_{M_0}$。

这意味着，制造商的所有投资都成功地吸引了消费者返还其产品。类似地，在一个没有制造商竞争的回收市场中，可得 $\tau_{T_0} = \dfrac{s_{T_0}}{\theta}$。

在竞争的回收市场中没有联盟的情况下，当且仅当，U_M 或 U_T 非负时，消费者才愿意将其使用过的产品分别返还制造商或第三方回收商。在实践中出现五种可能的情况。五种回收情况如表 4 - 1 所示。

表 4 - 1　　　　　　　　　　　　　五种回收情况

消费者效用	制造商	第三方回收商
$U_M < 0 \wedge U_T < 0$	消费者拒绝返还	消费者拒绝返还
$U_M < 0 \wedge U_T > 0$	消费者拒绝返还	回收所有废弃产品
$U_M > 0 \wedge U_T < 0$	回收所有废弃产品	消费者拒绝返还
$U_M = U_T = 0$	消费者意愿对废旧产品回收无影响	
$U_M > 0 \wedge U_T > 0$	制造商和第三方回收商都可以回收，市场出现竞争的回收服务	

资料来源：笔者绘制。

假设 $U_M > 0 \wedge U_T > 0$，即，制造商为 $v \in (0, s_M)$ 和第三方回收商为 $v \in \left(0, \dfrac{s_T}{\theta}\right)$。同时，回收结构通过比较 U_M 和 U_T 而产生。$U_M > U_T$ 的消费者会选择制造商，即：

$$v \in (0, s_M) \cap \left(\frac{s_T - s_M}{\theta - 1}, 1\right) \tag{4-1}$$

而 $U_M < U_T$ 的消费者会选择第三方回收商，即：

$$v \in \left(0, \frac{s_T}{\theta}\right) \cap \left(0, \frac{s_T - s_M}{\theta - 1}\right) \tag{4-2}$$

为了确定消费者的具体分布情况，分析 s_M、s_T、$\dfrac{s_T}{\theta}$ 和 $\dfrac{s_T - s_M}{\theta - 1}$ 的相对大小关系：

（1）当 $0 \leqslant s_T \leqslant s_M \leqslant 1$ 时，$\dfrac{s_T - s_M}{\theta - 1} \leqslant 0$。

制造商回收：

$$v \in (0, s_M) \cap \left(\frac{s_T - s_M}{\theta - 1}, 1 \right) \Rightarrow (0, s_M) \qquad (4-3)$$

第三方回收商回收：

$$v \in \left(0, \frac{s_T}{\theta} \right) \cap \left(0, \frac{s_T - s_M}{\theta - 1} \right) \Rightarrow \varnothing \qquad (4-4)$$

因此，再制造率为 $\tau_M = \int_0^{s_M} 1 dv = s_M$；再循环率为 $\tau_T = 0$。

（2）当 $0 \le s_M < s_T \le 1$ 时，$\frac{s_T - s_M}{\theta - 1} > 0$。$s_M$、$\frac{s_T}{\theta}$ 和 $\frac{s_T - s_M}{\theta - 1}$ 的值须进一步

分析：

当 $s_M > \frac{s_T}{\theta}$ 时，$\frac{s_T}{\theta} - \frac{s_T - s_M}{\theta - 1} = \frac{\theta s_M - s_T}{\theta (\theta - 1)} > 0$ 且 $s_M - \frac{s_T - s_M}{\theta - 1} = \frac{\theta s_M - s_T}{\theta - 1} > 0$，

因此，$s_T > s_M > \frac{s_T}{\theta} > \frac{s_T - s_M}{\theta - 1}$。

$s_M > \frac{s_T}{\theta}$ 下的回收市场结构见图 4－2，有 $(0, s_M) \cap \left(\frac{s_T - s_M}{\theta - 1}, 1 \right) =$

$\left(\frac{s_T - s_M}{\theta - 1}, s_M \right)$ 且 $\left(0, \frac{s_T}{\theta} \right) \cap \left(0, \frac{s_T - s_M}{\theta - 1} \right) = \left(0, \frac{s_T - s_M}{\theta - 1} \right)$。

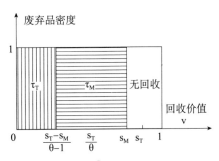

图 4－2　$s_M > \frac{s_T}{\theta}$ 下的回收市场结构

资料来源：笔者绘制。

因此，再制造率为：

$$\tau_M = \int_{\frac{s_T - s_M}{\theta - 1}}^{s_M} 1 dv = \frac{\theta s_M - s_T}{\theta - 1} \qquad (4-5)$$

再循环率为：

$$\tau_T = \int_0^{\frac{s_T - s_M}{\theta - 1}} 1 dv = \frac{s_T - s_M}{\theta - 1} \qquad (4-6)$$

需要说明的是，没有退货的空白区域表示位于该区域的消费者拒绝退货，也就是说，并不是所有不需要的产品都能被回收。

如果 $s_M < \dfrac{s_T}{\theta}$，$\dfrac{s_T}{\theta} - \dfrac{s_T - s_M}{\theta - 1} = \dfrac{\theta s_M - s_T}{\theta(\theta-1)} < 0$ 且 $s_M - \dfrac{s_T - s_M}{\theta - 1} = \dfrac{\theta s_M - s_T}{\theta - 1} < 0$，

那么，$s_M < \dfrac{s_T}{\theta} < \dfrac{s_T - s_M}{\theta - 1}$。

$s_M < \dfrac{s_T}{\theta}$ 下的回收市场结构，见图 4 – 3，有 $(0, s_M) \cap \left(\dfrac{s_T - s_M}{\theta - 1}, 1\right) \Rightarrow$

$\varnothing$ 且 $\left(0, \dfrac{s_T}{\theta}\right) \cap \left(0, \dfrac{s_T - s_M}{\theta - 1}\right) \Rightarrow \left(0, \dfrac{s_T}{\theta}\right)$。

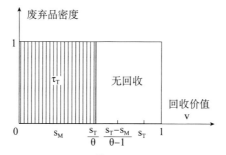

图 4 – 3　$s_M < \dfrac{s_T}{\theta}$ 下的回收市场结构

资料来源：笔者绘制。

再制造率为 $\tau_M = 0$；再循环率为 $\tau_T = \int_0^{\frac{s_T}{\theta}} 1 dv = \dfrac{s_T}{\theta}$。

当 $s_M = \dfrac{s_T}{\theta}$ 时，$\dfrac{s_T}{\theta} - \dfrac{s_T - s_M}{\theta - 1} = \dfrac{\theta s_M - s_T}{\theta(\theta-1)} = 0$ 且 $s_M - \dfrac{s_T - s_M}{\theta - 1} = \dfrac{\theta s_M - s_T}{\theta - 1} = 0$，

因此，$s_T > s_M = \dfrac{s_T}{\theta} = \dfrac{s_T - s_M}{\theta - 1}$，进而：

$$(0, s_M) \cap \left(\frac{s_T - s_M}{\theta - 1}, 1\right) \Rightarrow \varnothing \qquad (4-7)$$

$$\left(0, \frac{s_T}{\theta}\right) \cap \left(0, \frac{s_T - s_M}{\theta - 1}\right) \Rightarrow \varnothing \qquad (4-8)$$

$s_M = \dfrac{s_T}{\theta}$ 下的回收市场结构，见图 4 - 4，再制造率为：$\tau_M = \displaystyle\int_{s_M}^{s_M} 1 dv = 0$；

再循环率为：$\tau_T = \displaystyle\int_{\frac{s_T}{\theta}}^{\frac{s_T}{\theta}} 1 dv = 0$。

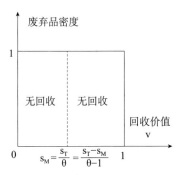

图 4 - 4 $s_M = \dfrac{s_T}{\theta}$ 下的回收市场结构

资料来源：笔者绘制。

除此之外，如果 s_T，s_M，$\dfrac{s_T - s_M}{\theta - 1} > 0$，那么，$s_T > s_M$。如果 $s_M < \dfrac{s_T}{\theta}$ 且 $s_T < 1$，那么，$0 < \theta s_M < s_M < 1$。如果 $s_T < 1$ 且 $\theta > 1$，那么，$s_T < 1 < \theta$ 且 $0 < \dfrac{s_T}{\theta} < \dfrac{1}{\theta} < 1$。

定理 4 - 1： 在竞争激烈的回收市场中，回收渠道便利水平方面的再制造率 τ_M 和再循环率 τ_T 分别为：

$$\tau_M = \begin{cases} s_M, s_M \in [s_T, 1] \\ \dfrac{\theta s_M - s_T}{\theta - 1}, s_M \in \left(\dfrac{s_T}{\theta}, s_T\right) \\ 0, s_M \in \left[0, \dfrac{s_T}{\theta}\right] \end{cases} \qquad (4 - 9)$$

证明：

由式（4 - 9）可得图 4 - 5。再制造率和再循环率见图 4 - 5。

注意：$s_M \in [s_T, 1]$ 和 $s_T \in [0, s_M]$ 表示 $0 < \dfrac{s_T}{\theta} < s_T \leqslant s_M \leqslant 1$；$s_M \in$

$\left(\dfrac{s_T}{\theta}, s_T\right)$ 和 $s_T \in (s_M, \theta s_M)$ 表示 $0 < \dfrac{s_T}{\theta} \leqslant s_M \leqslant s_T < 1$；$s_M \in \left[0, \dfrac{s_T}{\theta}\right]$ 和 $s_T \in$

$[\theta s_M, 1]$ 表示 $0 \leqslant s_M \leqslant \dfrac{s_T}{\theta} < s_T < 1$。再制造率和再循环率与反向渠道的便

利水平投资成正比。

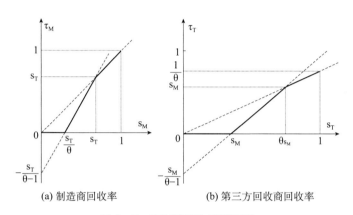

(a) 制造商回收率　　　　　　　　(b) 第三方回收商回收率

图 4 - 5　再制造率和再循环率

资料来源：笔者绘制。

引理 4 - 1：极端价值的渠道歧视 θ 会以不同的方式结束竞争回收：在歧视极端严重的情况下或在低水平歧视但没有竞争的情况下，M 驱逐 T。

证明：

图 4 - 5 说明，竞争回收只存在于 $\dfrac{1}{\theta} < \dfrac{s_M}{s_T} < 1$。$\lim\limits_{\theta \to +\infty} \left(\dfrac{1}{\theta}, 1\right) = (0, 1)$

和 $\lim\limits_{\theta \to 1^+} \left(\dfrac{1}{\theta}, 1\right) = \varnothing$ 表明，提高渠道歧视 θ 也会提高竞争水平。尤其是当

$\theta = 1$、$U_T = s_T - v$ 且 $U_M = s_M - v$ 时，$U_T - U_M > 0 \Rightarrow s_T > s_M$。因此，$s$ 水平

更高的赢家将获得回收市场的全部份额：$(0, s_M)$ 或者 $(0, s_T)$。处理率

可以是，$\tau_M = \displaystyle\int_0^{s_M} 1 dv = s_M$ 或 $\tau_T = \displaystyle\int_0^{s_T} 1 dv = s_T$。

当 $\theta = +\infty$ 时：

$$U_T - U_M > 0 \Rightarrow (+\infty - 1)v < s_T - s_M \Rightarrow (+\infty)v < s_T - s_M \Rightarrow v < \dfrac{s_T - s_M}{(+\infty)}$$

$$(4 - 10)$$

如果 $s_T < s_M$，那么，$\dfrac{s_T - s_M}{(+\infty)} \to 0^-$。否则，如果 $s_T > s_M$，那么，$\dfrac{s_T - s_M}{(+\infty)} \to 0^+$。因此，当 $\theta = +\infty$ 时，M 和 T 的定义域 $(0, s_M)$ 和 $\varnothing$，即，$\tau_M = \displaystyle\int_0^{s_M} 1\mathrm{d}v = s_M$，$\tau_T = 0$。

如果渠道歧视非常严重（$\theta \to +\infty$），消费者就会抛弃第三方回收商，只剩下制造商回收使用过的物品。如果渠道歧视程度极低（$\theta \to 1$），则第三方回收商和制造商之间都不存在竞争。合理的渠道歧视作为回收市场的基础，会导致回收竞争的运营局面。

引理 4 - 2： 回收便利比（M:T）决定了回收是竞争性的还是垄断性的。T 必须选择比 M 更高的渠道便利水平，M 必须选择比 T 的有效便利水平更高的便利水平，否则，回收市场将会成为垄断。

证明：

将 M 比 T 的回收便利投资比设定为：$r_{cc} = \dfrac{s_M}{s_T}$，

如果 $r_{cc} \in \left[0, \dfrac{1}{\theta}\right]$，那么，$\tau_M = 0$ 且 $\tau_T = \dfrac{s_T}{\theta}$；

如果 $r_{cc} \in \left(\dfrac{1}{\theta}, 1\right)$，那么，$\tau_M = \dfrac{\theta}{\theta - 1} s_M - \dfrac{1}{\theta - 1} s_T$ 且 $\tau_T = \dfrac{1}{\theta - 1} s_T - \dfrac{1}{\theta - 1} s_M$；

如果 $r_{cc} \in [1, +\infty)$，那么，$\tau_M = s_M$ 且 $\tau_T = 0$。

因此，如果回收便利比 $r_{cc} \in \left[0, \dfrac{1}{\theta}\right] \cup [1, +\infty)$，那么，竞争性的回收就会消失，导致分别只有第三方回收商和制造商的垄断。

图 4 - 5 显示了在 $r_{cc} \in [1, +\infty)$ 的区间内 τ_T 降为 0，这意味着，如果第三方回收商提供的回收便利水平低于制造商，制造商将成为市场上唯一的回收商，第三方回收商将被逐出回收业务。渠道歧视 θ 降低了第三方回收商提供便利水平激励的效果，导致了更低渠道回收的便利水平 $\dfrac{s_T}{\theta}$。同样，$r_{cc} \in \left(0, \dfrac{1}{\theta}\right)$ 意味着，如果制造商提供的回收便利水平低于第三方回

收商提供的主动通道便利水平，那么，就会出现由第三方回收商主导的垄断回收市场。

引理 4 - 3： 考虑渠道便利水平和不平等效应，竞争对制造商更有利。T 和 M 相对过度的回收渠道便利水平会导致竞争对手退出，降低消费者的边际效用。

证明：

τ_M 和 τ_T 的斜率分别为：

$$\text{slp}_M = \begin{cases} 0, r_{cc} \in \left[0, \dfrac{1}{\theta}\right] \\ \dfrac{\theta}{\theta-1}, r_{cc} \in \left(\dfrac{1}{\theta}, 1\right) \\ 1, r_{cc} \in [1, +\infty) \end{cases} \quad \text{和} \quad \text{slp}_T = \begin{cases} \dfrac{1}{\theta}, r_{cc} \in \left[0, \dfrac{1}{\theta}\right] \\ \dfrac{1}{\theta-1}, r_{cc} \in \left(\dfrac{1}{\theta}, 1\right) \\ 0, r_{cc} \in [1, +\infty) \end{cases} \quad (4-11)$$

在场景 $r_{cc} \in \left(\dfrac{1}{\theta}, 1\right)$ 中，$\tau_M = \dfrac{\theta}{\theta-1}s_M - \dfrac{1}{\theta-1}s_T$、$\tau_T = \dfrac{1}{\theta-1}s_T - \dfrac{1}{\theta-1}s_M$ 以及 $\dfrac{\theta}{\theta-1} > 1 > \dfrac{1}{\theta-1} > 0$。与垄断市场相比，$\tau_{Mo} = s_{Mo}$ 且 $\tau_{To} = \dfrac{1}{\theta}s_{T0}$，制造商的边际效用（斜率）从 1 增加到 $\dfrac{\theta}{\theta-1}$，而第三方回收商的边际效用（斜率）从 $\dfrac{1}{\theta}$ 增加到 $\dfrac{1}{\theta-1}$。此外，制造商或第三方回收商的回收投资对其竞争对手的影响均为 $\dfrac{1}{\theta-1}$。

虽然 M 在渠道便利水平上的投入总是比有竞争回收 $\left(\dfrac{\theta}{\theta-1} > \dfrac{1}{\theta-1}\right)$ 的 T 和无竞争回收 $\left(1 > \dfrac{1}{\theta}\right)$ 的 T 更有效率，但是，竞争会增加 M 和 T 的渠道便利水平的效果。$\dfrac{1}{\theta-1} > \dfrac{1}{\theta(\theta-1)}$ 使 M 比 T 的渠道便利水平增加更显著，除了同等的替代效应外，竞争回收对制造商更有利。

引理 4 - 4： 循环供应链的总回收处理率（TCR）由 M 或 T 中较高的回收通道便利水平决策所决定。

证明：

总回收处理率为再制造率和再循环率之和：$TCR = \tau_M + \tau_T$。TCR 更多地关注减少未回收的废物造成的污染，较少关注再制造过程中功能完好部件的再利用效率。根据定理 4 - 1，设定：

$$TCR = \max\left\{s_M, \frac{s_T}{\theta}\right\}; s_M, \frac{s_T}{\theta} \in [0, 1] \qquad (4-12)$$

即来自制造商的更多投资和来自第三方回收商的积极投资代表了循环供应链中 TCR 的增加。

对于政府来说，关于废旧产品回收管理，如果减少原材料资源消耗是首要的也是唯一的考虑，那么，根据引理 4 - 1，应该鼓励制造商加大投资。然而，如果减少污染是首要的也是唯一的考虑，特别是在环境恶化失控的地区，应该鼓励制造商和第三方回收商进行最大限度的投资。通道歧视使第三方回收商更难以接近同等规模的总处理利率：

$$TCR = \max\left\{s_M, \frac{s_T}{\theta}\right\} = \frac{s_T}{\theta} \qquad (4-13)$$

制造商可以比第三方回收商获得更高的渠道投资效率。

命题 4 - 1： 消费者感知回收渠道便利水平的行为决定了竞争回收的两个因素：渠道歧视 θ 和 M - T 回收便利水平比 r_{cc}。竞争只存在于 θ 和 r_{cc} 的合理区间内，竞争提高了渠道便利水平投资的边际效用。

证明：

这个命题说明竞争性的回收在一些地方是不常见的原因。保持一个竞争的场景是困难的，需要一个完全竞争的市场。在废物处置行业缺乏参与者和政府监管不足的领域（Esenduran et al.，2016），行业先入者会选择高得令人难以置信的渠道便利水平来控制回收市场，不考虑成本地建立行业壁垒。因此，无制造商和无第三方回收商的极端市场情况是很常见的。制造商的环境责任和开展回收业务的意愿较低，前一种情况更为常见。$r_{cc} \in \left[0, \frac{1}{\theta}\right]$ 阶段和 $\theta \to 1^+$ 阶段，是一个普遍而严重的需要解决的问题，需要更多的鼓励和环境教育。

近十年来，英国政府设立了废旧电器电子设备（WEEE）基金来补偿回收制造商（Zhang and Zhang，2018）。电气和电子设备制造商在销售其产品时必须支付一定费用（作为每件产品售价的一部分），并在回收使用过的产品时获得每件产品的折扣。这个模式结合了奖惩机制，使制造商愿意回收和再利用废弃产品。制造商最终进入竞争的回收范围内的中档渠道歧视，不得不增加投资以提高渠道便利水平，以确保 $r_{cc} \in \left(\frac{1}{\theta}, +\infty \right)$ 在一个合理的范围内，否则，将受到废弃电器电子产品（WEEE）基金的等价惩罚。

4.3　循环供应链回收竞争的问题求解和分析

4.3.1　不同回收市场竞争结构对回收效率的影响分析

考虑一个理想的、没有竞争的回收业务场景，在该场景中，循环供应链已经被垂直集成到一个联盟，集中循环供应链模型，见图 4-6。因为没有竞争，所有回收到的物品都可以由制造商进行再制造，而联盟可以为循环供应链的总利润制定最优策略，并实现最高的再制造率（Karakayali et al.，2007），所以，此时，联盟（C）从上游购买原材料生产产品，然后，将成品销售给消费者，同时，增加回收渠道便利水平来回收二手产品并降低制造成本。

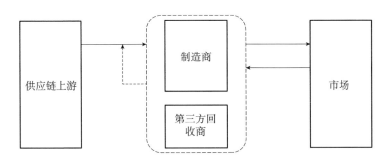

图 4-6　集中循环供应链模型

资料来源：笔者绘制。

这个模型等价于上文中提到的无第三方回收商场景，因此，消费者

剩余为 $U_C = U_{M0}$ $(s_{M0} = s_C)$ $= s_C - v$，联盟的再制造率为 $\tau_C = \tau_{M0}$ $(s_{M0} = s_C)$ $= s_C$。根据假设 4 - 1，联盟设定销售价格为 p_C 并达到需求为 $d_C = 1 - p_C$。然后，联盟的回收便利水平决策 s_C 导致了成本 $\frac{A}{2}s_C^2$。根据假设 4 - 2，所回收、使用的产品将制造成本降低到 $c - \delta\tau_C$。综上所述，集中联盟的利润函数为：

$$\pi_C(p_C, s_C) = [p_C - (c - \delta\tau_C)](1 - p_C) - \frac{A}{2}s_C^2 \qquad (4 - 14)$$

在式（4 - 14）中，p_C，$s_C \in [0, 1]$。

推论 4 - 1：在统一决策的情况下，$2A > \delta^2$ 和 p_C^*，$s_C^* \in [0, 1]$ 保证了最优价格和便利水平策略 p_C^* 和 s_C^*。

证明：

为了达到最优利润，π_C 的 Hessian 矩阵为：

$$\mathbf{H} = \begin{bmatrix} \dfrac{\partial^2 \pi_C}{\partial p_C^2} & \dfrac{\partial^2 \pi_C}{\partial p_C \partial s_C} \\ \dfrac{\partial^2 \pi_C}{\partial s_C \partial p_C} & \dfrac{\partial^2 \pi_C}{\partial s_C^2} \end{bmatrix} = \begin{bmatrix} -2 & -\delta \\ -\delta & -A \end{bmatrix} \qquad (4 - 15)$$

$|\mathbf{H}_1| = -2 < 0$ 且 $|\mathbf{H}_2| = 2A - \delta^2$，当 $2A > \delta^2$ 时，π_C 是严格凹函数。

对于约束条件 p_C，$s_C \in [0, 1]$，设定 $g_1(p_C) = -p_C$，$g_2(s_C) = -s_C$，$g_3(p_C) = p_C - 1$，以及 $g_4(s_C) = s_C - 1$，得到：

$$L_C(p_C, s_C, \lambda_i) = \pi_C(p_C, s_C) + \sum_{i=1}^{4} \lambda_i g_i \qquad (4 - 16)$$

进而，$L_C(p_C, s_C, \lambda_i)$ 也是严格凹函数（Chiang et al., 2003）。

因此，$\pi_C(p_C, s_C)$ 的最优解 p_C^* 和 s_C^* 由 $L_C(p_C, s_C, \lambda_i)$ 的 KKT 条件决定：

$$\begin{cases} \nabla_{p_C, s_C} L_C(p_C^*, s_C^*, \lambda_i^*) = 0 \\ \lambda_i^* \geq 0, \exists i \\ \lambda_i^* g_i^* = 0, \exists i \\ g_i^* \leq 0, \exists i \end{cases} \qquad (4 - 17)$$

进而，在 $\lambda_i^* = 0$ 且 p_C^*，$s_C^* \in [0, 1]$ 的条件下，集中式联盟的最优定价策略和最优投资策略分别为：$p_C^* = \dfrac{A(1+c) - \delta^2}{2A - \delta^2}$、$s_C^* = \dfrac{\delta(1-c)}{2A - \delta^2}$ 和 $\tau_C^* = \dfrac{\delta(1-c)}{2A - \delta^2}$。此外，集中化联盟的最优利润为 $\pi_C^* = \dfrac{A(1-c)^2}{(2A - \delta^2)^2}$。

接下来，建立了斯坦伯格博弈模型，以获得 $r_{cc} \in \left[0, \dfrac{1}{\theta}\right]$、$r_{cc} \in \left(\dfrac{1}{\theta}, 1\right)$ 和 $r_{cc} \in [1, +\infty)$ 场景中的最优定价策略和便利水平策略。

（1）制造商和第三方回收商并存。

在 $r_{cc} \in \left(\dfrac{1}{\theta}, 1\right)$ 场景中，制造商和第三方回收商都可以从市场上回收，处理率和渠道便利水平之间的关系为 $\tau_M = \dfrac{\theta s_M - s_T}{\theta - 1}$ 和 $\tau_T = \dfrac{s_T - s_M}{\theta - 1}$。

此时，制造商先设定销售价格 p_1 以满足需求 $d = 1 - p_1$，再制造率 $\tau_M\left(\text{成本}\dfrac{A}{2}s_M{}^2\right)$ 以降低制造成本为 $c - \delta\tau_M$。那么，制造商的利润函数为：

$$\pi_{M1}(p_1, s_{M1}) = [p_1 - (c - \delta\tau_M)](1 - p_1) - \dfrac{A}{2}s_M{}^2 \qquad (4-18)$$

然后，第三方回收商决定以一定的便利水平 $\tau_T\left(\text{成本}\dfrac{A}{2}s_T{}^2\right)$ 回收产品，回收的产品将被批发给上游供应链以获得收入 $k\tau_T$。第三方回收商的利润函数为：

$$\pi_{T1}(s_{T1}) = k\tau_T - \dfrac{A}{2}s_T{}^2 \qquad (4-19)$$

考虑到制造商在循环供应链中处于领先地位，设计了斯坦伯格博弈，分别实现制造商和第三方回收商的最优定价策略和最优投资策略：

$$\max\pi_{M1}(p_1, s_{M1}) = \left[p_1 - \left(c - \dfrac{\delta(\theta s_{M1} - s_{T1})}{\theta - 1}\right)\right](1 - p_1) - \dfrac{A}{2}s_{M1}{}^2$$

$$(4-20)$$

$$\text{s. t.} \begin{cases} \dfrac{s_{T1}}{\theta} \leqslant s_{M1} \leqslant s_{T1}, \ s_{M1}, \ p_1 \in [0, \ 1] \\[3mm] \max \pi_{T1} \ (s_{T1}) \ = \dfrac{k \ (s_{T1} - s_{M1})}{\theta - 1} - \dfrac{A}{2} s_{T1}^{\ 2} \\[3mm] \text{s. t.} \ s_{T1} \in [0, \ 1] \end{cases}$$

推论 4 - 2：在分散化和 $r_{cc} \in \left(\dfrac{1}{\theta}, 1 \right)$ 情景下，$2A > \left(\dfrac{\theta}{\theta - 1} \right)^2 \delta^2$ 保证了最优价格策略和最优便利水平策略分别为 $\{p_1^*, \ s_{M1}^*, \ s_{T1}^*\}$。

证明：

π_{T1} 的 Hessian 矩阵为 $\mathbf{H} = [- A]$，$|\mathbf{H}_1| = - A < 0$，因此，π_{T1} 是严格负定函数。设定 $g_1 \ (s_{T1}) \ = - s_{T1}$、$g_2 \ (s_{T1}) \ = s_{T1} - 1$ 和 λ_i，π_{T1} 的拉格朗日函数为：

$$L_{T1}(s_{T1}, \lambda_i) \ = \pi_{T1}(s_{T1}) \ + \sum_{i=1}^{2} \lambda_i g_i \qquad (4 - 21)$$

根据 KKT 条件得到：$s_{T1}^* = \dfrac{k}{A \ (\theta - 1)}$。

将 s_{T1}^* 代入 π_{M1} 中，π_{M1} 的 Hessian 矩阵为 $\mathbf{H} = \begin{bmatrix} - A & - \dfrac{\delta\theta}{\theta - 1} \\[3mm] - \dfrac{\delta\theta}{\theta - 1} & - 2 \end{bmatrix}$。

$|\mathbf{H}_1| = - A < 0$ 且 $|\mathbf{H}_2| = 2A - \left(\dfrac{\delta\theta}{\theta - 1} \right)^2$，当 $2A > \left(\dfrac{\theta}{\theta - 1} \right)^2 \delta^2$ 时，π_{M1} 为严格凹函数。

设定 $g_1 \ (s_{M1}) \ = s_{M1} - s_{T1}^*$、$g_2 \ (s_{M1}) \ = \dfrac{s_{T1}^*}{\theta} - s_{M1}$ 和 λ_i，π_{M1} 的拉格朗日函数为：

$$L_{M1}(p_{M1}, s_{M1}, \lambda_i) \ = \pi_{M1}(p_{M1}, s_{M1}) \ + \sum_{i=1}^{2} \lambda_i g_i \qquad (4 - 22)$$

根据 KKT 条件得到：p_1^* 和 s_{M1}^*，将 p_1^*、s_{T1}^* 和 s_{M1}^* 代入 π_{M1} 和 π_{T1}，得到：π_{M1}^* 和 π_{T1}^*，进而得到再制造率 τ_{M1}^* 和再循环率 τ_{T1}^*。

（2）第三方回收商垄断回收市场。

当 $r_{cc} \in \left(0, \dfrac{1}{\theta} \right)$ 时，回收率与渠道便利水平的关系分别为 $\tau_{M2} \ (s_{M2}) \ = 0$

和 $\tau_{T2}(s_{T2}) = \dfrac{s_{T2}}{\theta}$，即，只有第三方回收商才能从市场上进行回收。如果制造商提供的便利水平低于第三方回收商，消费者会拒绝将使用过的产品返还制造商。制造商的投资阈值为 $\dfrac{s_{T2}}{\theta}$。在这种情况下，斯坦伯格博弈建模为：

$$\max \pi_{M2}(p_2, s_{M2}) = (p_2 - c)(1 - p_2) - \frac{A}{2} s_{M2}^2 \qquad (4-23)$$

$$\text{s. t.} \begin{cases} s_{M2} \leqslant \dfrac{s_{T2}}{\theta} < s_{T2}, \; s_{M2}, \; p_2 \in [0, 1] \\[2mm] \max \pi_{T2}(s_{T2}) = \dfrac{k s_{T2}}{\theta} - \dfrac{A}{2} s_{T2}^2 \\[2mm] \text{s. t. } s_{T2} \in [0, 1] \end{cases}$$

推论 4-3：在分散化和 $r_{cc} \in \left(0, \dfrac{1}{\theta}\right)$ 的情景下，最优价格策略和便利水平策略为 $\{p_2^*, s_{M2}^*, s_{T2}^*\}$。

证明：

类似地，通过逆向归纳法和 Hessian 矩阵检验，得到推论 4-3。在 $r_{cc} \in [1, +\infty)$ 的情景中，再制造率与渠道便利水平的关系 $\tau_{M3}(s_{M3}) = s_{M3}$ 和 $\tau_{T3}(\tau_{M3}(s_{T3})) = 0$，即，只有制造商才能从市场上回收。如果制造商的渠道便利水平超过第三方回收商，那么，很显然，使用过的产品残值足够高，制造商就会努力投资渠道便利水平。在这种情况下，斯坦伯格博弈建模为：

$$\max \pi_{M3}(p_3, s_{M3}) = [p_1 - (c - \delta s_{M3})](1 - p_1) - \frac{A}{2} s_{M3}^2 \qquad (4-24)$$

$$\text{s. t.} \begin{cases} s_{M3} > s_{T3} \\[2mm] \max \pi_{T3}(s_{T3}) = -\dfrac{A}{2} s_{T3}^2 \\[2mm] \text{s. t. } s_{T3} \in [0, 1] \end{cases}$$

推论 4-4：在分散化和 $r_{cc} \in \left(\dfrac{1}{\theta}, 1\right)$ 的情景下，$2A > \delta^2$ 保证了最优价格策略和便利水平策略为 $\{p_3^*, s_{M3}^*, s_{T3}^*\}$。

证明：

类似地，通过逆向归纳法和 Hessian 矩阵检验，得到推论 4 - 4，以及所有情况下的最优价格策略和便利水平策略、回收再制造率、制造商和第三方回收商利润。

4.3.2　不同博弈领导者角色对循环供应链的影响机理

本章分析了以第三方回收商为领导者，制造商为跟随者的斯坦伯格博弈过程。虽然在制造商和第三方回收商共存的情况下，假设制造商在斯坦伯格博弈中处于领先地位，但是，也不能忽略循环供应链中第三方回收商比制造商更强大的情况，这种情况经常发生在小型制造商和大型第三方回收商的博弈中。这样的行业案例，也出现在电子产品供应链中：同样是手机制造商，并非所有的企业都拥有强大的市场号召力，对于一些手机业务规模较小的企业或是体量较小的企业来说，它们推出的回收服务的市场影响力明显会低于爱回收等大型第三方回收商的回收服务。因此，在这类企业和大型第三方回收商之间的博弈过程中，往往是大型第三方回收商起到领导者的作用，而制造商会根据第三方回收商的回收策略来开展回收业务。

在第三方回收商领导回收市场的模型中，有以下博弈模型：

$$\max \pi_{T4}(s_{T4}) = \frac{k(s_{T4} - s_{M4})}{\theta - 1} - \frac{A}{2} s_{T4}^2 \qquad (4-25)$$

$$s.t. \begin{cases} \frac{s_{T4}}{\theta} \leqslant s_{M4} \leqslant s_{T4}, \ s_{T4} \in [0, 1] \\ \max \pi_{M4}(p_4, s_{M4}) = \left[p_4 - \left(c - \frac{\delta(\theta s_{M4} - s_{T4})}{\theta - 1} \right) \right] (1 - p_4) - \frac{A}{2} s_{M4}^2 \\ s.t. \ s_{M4}, \ p_4 \in [0, 1] \end{cases}$$

因为 $\frac{d^2 \pi_{T4}(s_{T4})}{ds_{T4} ds_{M4}} = 0$，且 $\frac{d^2 \pi_{T4}(s_{T4})}{ds_{T4} dp_{M4}} = 0$，$s_{T4}^* = s_{T1}^*$，这意味着，第三方回收商的便利水平策略与制造商的定价策略无关，所以，对于第三方回收商来说，斯坦伯格博弈的领导权是没有区别的，即，$p_{M4}^* = p_{M1}^*$，$s_{M4}^* = s_{M1}^*$。因此，斯坦伯格博弈中不同的领导者（第三方回收商或制造商）不会影响

模型的最优结果和后续分析，这支持了结果的稳健性和后续提出的管理启示。

4.3.3　最优决策和环境效益分析

本章通过算例分析进一步研究各参数和变量的相关关系：$S = \{A = 0.13, \ k = 0.08, \ c = 0.2, \ \delta = 0.1\}$。该赋值集满足了以下条件：

（1）确保所有参数的非负性；

（2）为了保证目标函数的凹性，进而保证函数的性质不会受到参数赋值改变的影响，根据相关凹性约束 $2A > \left(\dfrac{\theta}{\theta - 1}\right)^2 \delta^2$，设定 $\theta \in (1.5, 1.7)$。

命题 4-2：与 M 控制的垄断回收市场相比，T 参与竞争回收导致了 M 的伪成本增长（PCG）效应，同时，带来了消费者的歧视禀赋（DE）对制造商成本的正面影响。

证明：

通过比较、观察制造商控制的垄断回收市场（$r_{cc} \in [1, +\infty)$）中的价格水平策略和便利水平策略和存在竞争回收的模型 $\left(r_{cc} \in \left(\dfrac{1}{\theta}, 1\right)\right)$ 的价格水平策略和便利水平策略，设定：

$$\hat{c}(c, \delta) = c + \frac{k\delta}{A(\theta - 1)^2} \tag{4-26}$$

$$\hat{\delta}(c, \delta) = \left(\frac{\theta}{\theta - 1}\right)\delta \tag{4-27}$$

因此，有 $\hat{c} > c$ 和 $\hat{\delta} > \delta$。通过将 $\hat{c}$ 和 $\hat{\delta}$ 代入 $r_{cc} \in \left(\dfrac{1}{\theta}, 1\right)$ 的最优价格水平策略和最优便利水平策略，有：

$$p_1^* = \frac{A(1 + \hat{c}) - \hat{\delta}^2}{2A - \hat{\delta}^2} \tag{4-28}$$

$$s_{M1}^* = \frac{\hat{\delta}(1 - \hat{c})}{2A - \hat{\delta}^2} \tag{4-29}$$

与集中式模型的最优结果相比，有：

$$p_1^*(c,\delta) = p_C^*(\hat{c}(c,\delta), \hat{\delta}(c,\delta)) \qquad (4-30)$$

$$s_{M1}^*(c,\delta) = s_C^*(\hat{c}(c,\delta), \hat{\delta}(c,\delta)) \qquad (4-31)$$

因此，第三方回收商参与竞争的最终效果，可以看作两个独立的分支。

第一，全新产品的制造成本 c 增加到 $c + \dfrac{k\delta}{A(\theta-1)^2}$。当然，第三方回收商不可能仅通过加入回收竞争来影响制造成本。在制造商方面，一些目标消费者会将其使用过的产品返还第三方回收商，导致再制造率降低。最终，其本质就是第三方回收商的参与增加了制造成本。因此，将这种负面影响 $\dfrac{k\delta}{A(\theta-1)^2}$ 称为伪成本增长（pseudo cost growth，PCG）。

第二，渠道歧视有助于制造商通过再制造降低成本。$PCG \propto \dfrac{1}{\theta^2}$ 表明，随着歧视程度的增加，PCG 在一定程度上下降。同时，$\hat{\delta} = \left(\dfrac{\theta}{\theta-1}\right)\delta = \delta + \dfrac{1}{\theta-1}\delta$ 表明，歧视程度越低，再制造收益越高。利用提高渠道歧视水平提高再制造效益，可以有效地降低 PCG。将渠道歧视 $\dfrac{1}{\theta-1}\delta$ 称为歧视禀赋（discrimination endowment，DE），可以看作制造商的自然禀赋。

引理 4 - 5：随着渠道歧视水平的提高，PCG 影响制造成本，DE 影响再制造效益。然而，与 PCG 的持续性效应不同，DE 效应随着再制造效益的增大而变得更加显著。

通过算例分析得到 $r_{cc} \in \left(\dfrac{1}{\theta}, 1\right)$ 下的最优决策，见图 4 - 7，从图 4 - 7 可知，PSG 和 DE 共同决定了在垄断竞争市场或回收竞争市场中制造商的价格水平策略和便利水平策略的差异。

引理 4 - 6：当渠道歧视增加时，M 和 T 都会显著地降低回收渠道的便利水平，其中，T 受到渠道歧视的影响，M 受到来自 T 的竞争力减弱的影响。

变化的 θ 下的 PCG 和 DE 如图 4 - 8 所示，随着 θ 增长，PCG 对再制造成本的影响是不变的，无论原制造成本是高是低；反之，当再制造成本更显著时，DE 对再制造效益的影响更大。

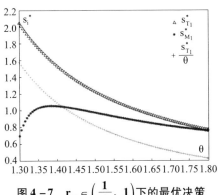

图 4 - 7　$r_{cc} \in \left(\dfrac{1}{\theta}, 1\right)$下的最优决策

资料来源：笔者绘制。

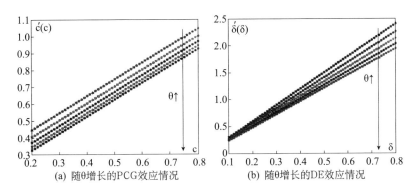

(a) 随θ增长的PCG效应情况　　　　(b) 随θ增长的DE效应情况

图 4 - 8　变化的 θ 下的 PCG 和 DE

资料来源：笔者绘制。

　　PCG 和 DE 对制造商有不同的影响。首先，与上层供应商的协议破裂、原材料短缺或自然灾害导致的制造成本增加，不会改变 PCG 对渠道歧视变化的影响，PCG 仅由回收竞争决定。另外，渠道便利水平使增加制造效益 δ 加快了制造成本的降低。因此，对于再制造能力较高的制造商来说，增加渠道歧视对再制造效益的负面影响更大。

　　第三方回收商的回收便利水平为 $s_{T1}^* = \dfrac{k}{A\,(\theta - 1)}$，有：

$$\frac{ds_{T1}^{*}(\theta)}{d\theta} = -\frac{k}{A(\theta-1)^{2}} < 0 \text{ 且} \frac{d^{2}s_{T1}^{*}(\theta)}{d\theta^{2}} = \frac{2k}{A(\theta-1)^{3}} > 0 \quad (4-32)$$

根据一阶条件$\frac{ds_{T1}^{*}(\theta)}{d\theta} = 0$，随着 θ 增大 s_{T1}^{*} 而不断减小，并且，减小的趋势在持续放缓。因此，如果消费者在回收渠道上越来越具有歧视性，第三方回收商将会继续降低便利水平，导致成本降低。然而，随着便利水平降低，财务压力随之降低，使第三方回收商便利水平降低的速度变慢。同时，渠道歧视的影响，对于制造商来说不同。

引理 4 - 7：再制造降低和渠道歧视降低了新产品的销售价格，且竞争情况下的销售价格低于垄断情况下的销售价格。

变化的 θ 下的$\frac{ds_{M1}^{*}(\theta)}{d\theta}$见图 4 - 9。图 4 - 9 展示了对于带有渠道歧视的 θ 的制造商的回收投资的求导。综合来看，越来越高的渠道歧视持续削弱了第三方回收商的回收强度，间接使制造商降低了其渠道便利水平。

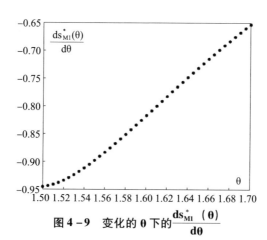

图 4 - 9　变化的 θ 下的$\frac{ds_{M1}^{*}(\theta)}{d\theta}$

资料来源：笔者绘制。

然而，图 4 - 9 说明在渠道歧视水平的增加过程中，随着第三方回收商的作用变得越来越不明显，制造商逐渐忽略了第三方回收商的影响，将其便利水平策略保持在一个稳定的值。因此，在越来越高的渠道歧视水平下，第三方回收商和制造商都会降低各自的渠道便利水平。

引理 4 - 8：回收竞争给消费者带来更大的回收渠道便利水平，随着渠道歧视水平的提高，M 和 T 会不断降低渠道的便利水平。对于垄断情形，T 比 M 提供更多便利水平。

变化的 θ 下的不同价格策略见图 4 - 10。图 4 - 10 说明，因集中式模型类似于第三方回收商退出竞争的情况，集中式模型中的售价 p_C^* 与 $r_{cc} \in [1, +\infty)$ 模型中的售价相匹配 p_{M3}^*，而 $r_{cc} \in \left[0, \dfrac{1}{\theta}\right]$ 下的销售价格 p_{M2}^* 超过了 p_C^*。在 $r_{cc} \in \left[0, \dfrac{1}{\theta}\right]$ 场景中，制造商退出回收业务，代表制造商只对传统的正向供应链中的业务负责。

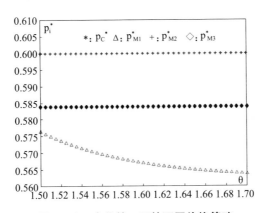

图 4 - 10　变化的 θ 下的不同价格策略

资料来源：笔者绘制。

没有第三方回收商竞争的情况下，$p_{M2}^* > p_C^* = p_{M3}^*$ 意味着回收业务有利于降低新产品的销售价格。图 4 - 10 说明在所有场景中，最低价格是由制造商在与第三方回收商的竞争过程 $r_{cc} \in \left(\dfrac{1}{\theta}, 1\right)$ 中所确定的。随着渠道歧视 θ 的增加，在合理范围内销售价格继续下降。

命题 4 - 3：相对于垄断的回收情形，竞争性的回收会减少 M 和 T 的便利水平而增加 θ。对于 M 来说，再制造的收益总是有助于降低售价，在给定的 θ 下，回收竞争比垄断情形保证了更低售价。

图 4 - 11 所示为变化的 θ 下的不同渠道便利水平策略，说明在场景 $r_{cc} \in \left(\dfrac{1}{\theta}, 1\right)$ 和 $r_{cc} \in [1, +\infty)$ 中，制造商和零售商的回收渠道便利水平

策略。其中，$s_{M3}^* = \dfrac{\delta(1-c)}{2A-\delta^2}$ 与渠道歧视水平 θ 无关，原因在于，第三方回收商已经被挤出了回收市场。因此，对于消费者而言，回收竞争将显著提高制造商提供的回收便利水平（$s_{M1}^* > s_{M3}^*$）。

然而，随着 θ 增加，这种好处逐渐减少 $\left(\dfrac{d\left(s_{M1}^* - s_{M3}^*\right)}{d\theta} < 0\right)$。与引理 4 - 6 相呼应，渠道便利水平的提高削弱了第三方回收商的竞争实力，因此，制造商没有必要保持其高渠道便利水平。

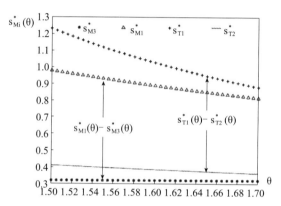

图 4 - 11　变化的 θ 下的不同渠道便利水平策略
资料来源：笔者绘制。

与制造商一样，第三方回收商也会比垄断市场提供更高的渠道便利水平，这种渠道便利水平的提高将随着歧视的增加而降低。然而，$s_{T1}^* > s_{M1}^* > s_{T2}^* > s_{M3}^*$，仍然成立。在竞争情形 $r_{cc} \in \left(\dfrac{1}{\theta}, 1\right)$ 下，$s_{T1}^* > s_{M1}^*$ 应该被满足。然后，$s_{T2}^* > s_{M3}^*$ 意味着，在垄断情况下，第三方回收商会比制造商提供更多便利水平来减少渠道歧视的影响。

综合来看，消费者在体验更便捷回收服务的同时，更希望制造商与第三方回收商在渠道便利水平上进行竞争。如果将渠道歧视维持在一个相对较小的范围内，消费者会体验到更方便的服务。在新产品的销售价格方面，再制造会降低销售价格，而竞争性的回收会加速这种效果。

但当渠道歧视水平提高后，问题就变得更加复杂。θ 的提高降低了制造商和第三方回收商的渠道便利水平，销售价格增长更快。消费者总是喜欢竞争激烈的回收市场，市场的竞争程度应该取决于循环供应链所面对的消费者类型（价格敏感度高低）。

在本章中，从两个角度研究了消费者感知的渠道便利水平对再制造率和再循环率的影响：一是比较竞争和垄断情景；二是 $r_{cc} \in \left(\frac{1}{\theta}, 1\right)$ 竞争结构下的渠道歧视，分别展示了制造商和第三方回收商的再制造率和回收率，以说明它们在垄断情况下和竞争情况下的差异，并研究了竞争回收对处理率的影响。

命题 4－4：与垄断情形相比，回收竞争有助于 M 提高再制造率，但渠道歧视水平的提高会降低这种效应。随着竞争加剧，T 的回收率将急剧下降。

变化的 θ 下的不同处理率见图 4－12。图 4－12（a）表示，垄断回收市场中制造商的再制造率总是低于竞争市场。从图 4－12（a）的趋势可以看出，随着渠道便利水平的增加，再制造率也会增加。同时，随着第三方回收商的影响逐渐变小，制造商获取废旧物品的难度增大。回顾引理 4－7，其中，不断提高的再制造率为制造商提供了更大能力平衡其收入和成本，而在回收市场内不断扩大的回收业务也会带来较低销售价格。同样，当渠道歧视增加时，制造商从反向链获得较少的供给来补偿正向链。

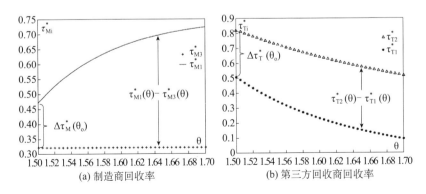

（a）制造商回收率　　　　（b）第三方回收商回收率

图 4－12　变化的 θ 下的不同处理率

资料来源：笔者绘制。

相应地，图 4－12（b）说明，回收竞争与垄断情形相反，降低了回收率。随着渠道歧视水平 θ 的提高，回收率下降的速度比垄断情形快。也就是说，回收竞争可以使渠道歧视的负面影响更加明显，更容易被消费者感知。因此，在扩大回收市场的同时，竞争性的回收对制造商有利，而对第三方回收商不利。

图 4 - 13 表示变化的 θ 下的集中模式回收率，该图给出了集中模型中联盟的再制造率、制造商的再制造率和第三方回收商的再循环率。与图 4 - 12 相呼应，从图 4 - 13 中可以看出，随着渠道歧视的增加和竞争的减弱，再制造率最初低于再循环率，但同时，再制造率逐渐增加并超过下降的再循环率。这表明，渠道歧视的增加，降低了第三方回收商的竞争实力。当竞争极其激烈时，制造商就会对回收业务失去兴趣，更多地关注正向供应链。与此同时，第三方回收商将尽最大努力获得最优市场份额。

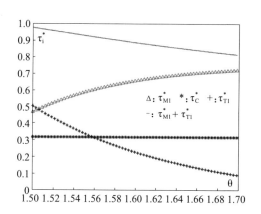

图 4 - 13　变化的 θ 下的集中模式回收率

资料来源：笔者绘制。

不同的环保目标会导向不同的环保策略。应对环境问题不是简单地试图通过协调机制消除回收竞争，而是由环境保护的定义决定的。

如果主要环保目标是减少污染物总量，那么就应该通过各种方式（即再制造和再循环）尽可能多地回收废旧产品，即提高总体回收率 $\tau_{MI}^* + \tau_{TI}^*$。图 4 - 13 表示，回收市场竞争越激烈（θ 越小），废旧产品的回收量越大，供应链的整体绿色水平越高。

在资源有限的国家，节约资源更重要，图 4 - 13 显示，那么，回收市场的竞争越弱（θ 值越大），更多使用过的产品可以进行再制造。然而，$\tau_{MI}^* >$

τ_C^*，回收竞争使得再制造比在垄断或集中的情况下更有效。

总的来说，不同的环境政策是由不同的政府目标决定的。政府可以尝试不断调整 θ 值，直到竞争市场最终适应国家经济发展、公众对环境保护的期待和特定地区的资源禀赋。对于政府来说，最适合的 θ 值可能会随着宏观经济政策的变化而变化，即政府应该以更动态的方式控制 θ，以实现不同阶段的环境目标。

4.4　本章小结

本章根据循环供应链竞争环境复杂、核心竞争要素不断演进、消费者对于逆向渠道存在渠道歧视等，构建全新的消费者效用函数来分析回收竞争模型，探讨了循环供应链核心企业制造商和第三方回收商之间的回收竞争规律。研究发现：第一，渠道便利水平的两个因素，即渠道歧视和渠道便利投资比例，决定了竞争回收结构，其中，极低的渠道歧视导致由制造商或第三方回收商组成的非回收竞争市场，而极高的渠道歧视导致只有制造商的回收市场，便利投资比也要控制在合理范围内，否则，也会出现一个垄断的回收市场；第二，回收竞争影响了制造商和第三方回收商的价格水平策略和回收便利水平策略，具体表现为伪成本增长和歧视禀赋的替代效应，较高的渠道歧视水平降低了制造商和第三方回收商的回收便利水平；第三，在正向市场方面，再制造利益能降低制造成本，并最终降低新产品价格，回收竞争性进一步降低了价格；第四，在供应链的整体环境绩效方面，回收竞争情景下的再制造率和再循环率高于垄断情形下，虽然第三方回收商的再循环率的增长幅度低于制造商的再制造率，但回收竞争提高了总回收率。

第5章　循环供应链废旧产品再利用

在循环供应链中，构建循环网络、提高回收竞争力和回收量是为了保证废旧产品能够更多、更顺畅地流回循环供应链体系内，而在完成产品回收以后，废旧产品的再利用过程成为循环供应链管理与协调的核心工作。不同的废旧产品再利用技术，具有不同的再利用效率、环境效益和经济效益，一般而言，再制造对于具有不同技术、资源、能力和工艺禀赋的循环供应链主体而言，再制造效率和再循环效率的选择具有相应的门槛。针对回收商面临的废旧产品再利用技术选择难题，本章基于废旧产品再利用环节的技术特征，研究采用不同的废旧产品再利用方式的循环供应链主体及其回收竞争规律，以明确不同回收主体的最优策略和利润水平，以及在最优策略下的废旧产品再制造效率和再循环效率，探讨回收竞争对于循环供应链回收效率和绿色水平的影响。

5.1　概述

如第1章所述，再制造和再循环是目前废弃产品回收后再融入循环供应链的主要技术方式，能帮助供应链提升绿色水平和经济利益。再制造是通过对回收产品进行完全拆解，或是充分替换受损的外壳和所有寿命降低的零部件，向消费者提供和新产品没有任何差别的再制造产品，或是将功能良好的零部件投入新产品的制造中，以降低新产品的制造成本（Abbey et al.，2015）；而再循环是消除产品和零部件的所有特性和功能，通过物理方式或化学方式从废旧产品中提取可重复使用的原材料，如塑料和金属，并将这部分回收后的原材料投入供应链的上游原材料市场（Agrawal et al.，2019）。一般而言，再制造具有更高的资源利用效率、更环保的技术加工过程和更高的利润水平；而再循环具有更低的技术门槛，可以帮助没有相关原始技术积累的供应链主体进入废旧产品回收再利用行业中，以便逐步提高技术储备和加工工艺。

　　本章研究了采用不同的废弃产品回收再利用方式的循环供应链内部主体的决策机制和竞争机制，即选择再制造的制造商和选择再循环的零售商，在第 4 章结论的基础上，分析了考虑回收渠道便利水平的消费者行为因素，借助消费者行为理论刻画市场竞争结构函数，研究了在消费者感知到回收便利水平的情况下，制造商和零售商之间的回收竞争对回收效率、再制造率和再循环率的影响。同时，着重分析了供应链的协调机制和回收激励机制，为提高分散决策下的回收效率提出了两种协调机制。本章的研究内容为循环供应链回收竞争问题提供了对比分析不同再利用方式的理论基础，同时，是消费者行为模式的基础性研究。

5.2　循环供应链废旧产品再利用的问题描述和建模

5.2.1　问题描述

　　本章研究内容通过对"选择再制造的制造商"和"选择再循环的零售商"之间的竞争模式进行建模分析，评估了制造商和零售商之间的回收竞争对回收效率的影响，同时，考虑了对回收渠道便利水平较敏感的消费者的回收行为。首先，提出了一个集中式的模型，在此模型中，零售商和制造商被整合到一个联盟中进行决策。其次，提出一个分散的模型，制造商和零售商竞争回收使用过的产品，并同时考虑能够感知渠道便利水平的消费者。研究一个基于长期运营的稳定单周期模型，因此，没有考虑库存问题、运输问题或交货期问题（Savaskan et al.，2004）。同时，假设回收产品质量和回收成本是固定的（Mukhopadhyay and Setaputra，2011），可以更关注对竞争因素和行为因素的分析。最后，研究了零售商和制造商在回收活动中进行协调的可能性，并实现了集中模型达到的最优回收率。假定 τ_i（$i =$ C，M，R）为回收率，其中，C、M、R 分别为集中式模型的供应链联盟、制造商和零售商；c_i 表示消费者从集中式模型的联盟、制造商或零售商处感受到的回收渠道不便利程度；s_i 表示提供消费者不同渠道的服务水平；π_i 表示供应链联盟、制造商或零售商的总利润。请注意，使用 c_m 表示制

造商新产品的制造成本，用 c_r 表示回收产品的再制造成本，特别地，$c_m >$
c_r。除了上面提到的假设外，还有三个重要假设。

假设 5 – 1：回收使用过的产品将由制造商进行再制造，或由零售商利用其残值。

对于制造商来说有两种生产方式，即通过新原材料制造全新产品（c_m）或通过回收产品再制造新产品（c_r）。对制造商和供应链联盟而言，回收率 τ_i 意味着所有新产品中，有 τ_i 比例的新产品能以 c_r 的单位成本完成再制造，成本为 $c_r\tau_i$；有 $1 - \tau_i$ 比例的新产品只能以 c_m 的单位成本通过全新的原材料和零部件完成制造，成本为 $c_m（1 - \tau_i）$。因此，联盟或制造商的混合成本可以表示为：

$$c_m(1 - \tau_i) + c_r\tau_i, i = C, M \qquad (5 - 1)$$

在式（5 – 1）中，τ_i 为回收率。进一步，设定 $e = c_m - c_r$，即，e 为新产品成本和再制造产品成本的差值，则有：

$$c_m(1 - \tau_i) + c_r\tau_i = c_m - (c_m - c_r)\tau_i = c_m - e\tau_i \qquad (5 - 2)$$

对于零售商，k 表示从回收产品中榨取的基本剩余价值，进而零售商从回收活动中获得的总利润为 $k\tau_R$（Zou et al.，2016）。

假设 5 – 2：新产品的需求（或销售量）与零售商设定的销售价格呈负相关。

假定新产品的需求与零售商设定的销售价格呈线性关系：$d = \alpha - \beta p$。即从实践上讲，生产需求与销售价格呈线性关系，即价格越高，需求量越低，这一假设在传统的正向供应链中是非常直观和被广泛接受的。

假设 5 – 3：零售商与制造商之间进行斯坦伯格博弈，并且制造商为领导者。

前人研究表明，与制造商相比，零售商的议价能力总是有限的，特别是当零售商专注于供应链中的分销时。因此，用斯坦伯格博弈来描述这种不平等关系，零售商将根据制造商的决策做出商业决策。

5.2.2　集中决策模型下的"循环供应链 – 再制造"博弈模型

供应链集中决策是指，供应链的决策权集中在一个核心企业，由核心企业对供应链的整体运作做出规划，优化供应网络。在这种模式下，其他供应链成员处于从属地位，执行核心企业做出的决策。集中决策模式要求核心企业能够准确、快速地从各成员企业获得相关决策信息，并具有绝对权威性。当供应链成员的企业利益与供应链整体利益发生冲突时，核心企业有足够的决策权迫使非核心企业调整自身行为以满足供应链整体利益最优化的要求。这种模式通常用于纵向一体化的供应链管理与协调，能达到供应链的全局最优化。然而，这种决策模式在供应链管理实践中相对较少，本节对集中决策情景进行研究的主要目标是验证供应链所能实现的最大效益，并以此分析分散决策对供应链效率的影响。

在对正向供应链的既有研究中，双重边际化削弱了供应链的绩效，纵向一体化的供应链结构总能实现供应链的最优利润。因此，引入了集中模型来检验问题：分散的供应链模型是否会降低逆向供应链的回收效率。图 5 - 1 表示集中模型的框架。在集中模型中，制造商与零售商联盟，联盟对销售策略和回收策略进行集中决策。虽然垂直整合的风险很大，但是，没有回收的竞争，联盟可以在合理的回收投资下尽可能地做出最佳选择，达到最优回收效率。

图 5 - 1　集中模型

资料来源：笔者绘制。

在集中模型下，回收渠道不存在竞争，消费者感受到的渠道便利水平高低直接影响回收率的高低。消费者感知到的回收通道的不便利水平，设定为 $c_i \in (0, 1)$。较低的不便率 c_i 带来较高的消费者使用成本和较高的回收率 τ_i。将由回收渠道投资 s_i 确定的不便率表示为 $c_i = 1 - s_i$。

与前人对于服务的定义类似（Wu，2012），c_i 描述了消费者如何感知回收渠道的便利水平。随着在零售商店、回收运输、消费者服务等方面投入的增加，消费者会发现回收活动的不便利程度降低，更愿意将使用过的产品返还。与前人提出的模型相似（Feng et al.，2017；Wu and Zhou，2017），价格和便利都可以被认为是消费者从回收活动中得到的福利。另外，回收渠道投资会产生成本（De Giovanni and Zaccour，2014）：$\frac{A}{2}s_i^2$。

集中式供应链的总利润可以表示为：

$$\pi_C|_{p,s_C} = [p - c_m(1 - \tau_C) - c_r\tau_C]d - \frac{A}{2}s_c^2 \tag{5-3}$$

然后，有：

$$\max_{p,s_C}\pi_C = (p - c_m + es_c)(\alpha - \beta p) - \frac{A}{2}s_c^2 \tag{5-4}$$

类似地，π_C 的 Hessian 矩阵为：

$$\mathbf{H} = \begin{bmatrix} \dfrac{\partial^2\pi_C}{\partial p^2} & \dfrac{\partial^2\pi_C}{\partial p\partial s_c} \\ \dfrac{\partial^2\pi_C}{\partial s_c\partial p} & \dfrac{\partial^2\pi_C}{\partial s_c^2} \end{bmatrix} = \begin{bmatrix} -2\beta & -\beta e \\ -\beta e & -A \end{bmatrix} \tag{5-5}$$

当 $\mathbf{H}$ 满足 $|\mathbf{H}_1| < 0$ 且 $|\mathbf{H}_2| > 0$ 时，π_C 在 p 和 s_c 的定义域上为凹函数。因为 $|\mathbf{H}_1| = -2\beta < 0$ 且 $|\mathbf{H}_2| = 2\beta A - \beta^2 e^2$，所以，只要满足 $2A > \beta e^2$，π_C 为 p 和 s_C 的联合凹函数。同时，最优定价策略和最优服务策略可以从一阶条件（First Order Condition，FOC）中得到：

$$p_C^* = \frac{-\alpha\beta e^2 + Aa + A\beta c_m}{\beta(2A - \beta e^2)} \tag{5-6}$$

$$s_C^* = \frac{\alpha e - \beta ec_m}{2A - \beta e^2} \tag{5-7}$$

5.2.3 分散决策模型下的"制造商—再制造""零售商—再循环"博弈模型

集中决策能够实现全局最优化，但要求核心企业具备强大的信息获取能力和决策能力，这在现实情况下是较难实现的。供应链分散决策是指，供应链内各成员从最大化自身利润角度出发独立做出的决策。根据供应链成员之间的合作情况，分散决策可以分为两种情况：一种是在不合作情况下，供应商和零售商作为两个独立的决策人地位平等，各自独立决策追求自身的期望最大利润；另一种是在合作情况下，供应商和零售商根据彼此的决策做出相应策略。分散决策虽然能够提高各成员的灵活性和反应速度，但是，可能导致整体利润无法达到最优。

在制造商和零售商渠道存在竞争的情况下，消费者会根据渠道便捷性选择其中之一。在分散模型（见图5-2）中，制造商生产产品和批发产品，产品由新的原材料和回收的物品制成；零售商负责销售产品和回收产品。

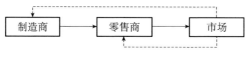

图 5 – 2　分散模型

资料来源：笔者绘制。

在竞争激烈的回收市场中，存在消费者感知到的回收不便利：c_R 和 c_M，其中，$c_R = 1 - s_R$ 和 $c_M = 1 - s_M$。假设消费者的回收价值服从均匀分布，将分布标准化为 $v \sim U(0, 1)$。根据基本假设，消费者在回收使用过的产品时感知到的不便越多，消费者从回收活动中获得的效用越少，提出消费者的回收效用函数如下：

$$\begin{cases} U_R(v, c_R) = v - c_R \\ U_M(v, c_M) = \theta v - c_M \end{cases} \quad (5-8)$$

在式（5-8）中，$\theta \in (0, 1)$ 表示消费者对制造商回收渠道的负面印象。零售商可以很容易地通过零售过程与消费者进行直接互动和直接交流，因此，制造商对回收活动的最初印象比零售商差。

消费者可能面临四种回收效用函数的情况：

如果 $U_R > U_M > 0$，零售商回收所有使用过的产品；

如果 $U_M > U_R > 0$，制造商回收所有使用过的产品；

如果 $U_M < 0$；$U_R < 0$，消费者将拒绝任何回收；

如果 $U_M = U_R > 0$，消费者将选择任意渠道回收。

考虑到制造商和零售商在回收市场上面临的竞争，重点研究了第四种情况。根据蒋（Chiang，2003）、蒋等（Chiang et al.，2003）的研究，回收率 τ_i 为：

$$\tau_R = \begin{cases} 1 - \dfrac{c_R - c_M}{1 - \theta}; \text{if } \dfrac{c_M}{\theta} \leqslant c_R \\ 1 - c_R, \text{otherwise} \end{cases} \quad (5-9)$$

$$\tau_M = \begin{cases} \dfrac{\theta c_R - c_M}{\theta(1 - \theta)}; \text{if } \dfrac{c_M}{\theta} \leqslant c_R \\ 0, \text{otherwise} \end{cases} \qquad (5-10)$$

进一步地，有：

$$\tau_R = \begin{cases} 1 - \dfrac{s_M - s_R}{1 - \theta}; \text{if } \dfrac{1 - s_M}{\theta} \leqslant 1 - s_R \\ s_R, \text{otherwise} \end{cases} \qquad (5-11)$$

$$\tau_M = \begin{cases} \dfrac{s_M - \theta s_R - (1 - \theta)}{\theta(1 - \theta)}; \text{if } \dfrac{1 - s_M}{\theta} \leqslant 1 - s_R \\ 0, \text{otherwise} \end{cases} \qquad (5-12)$$

与集中式模型相似，制造商的利润函数为：

$$\pi_M = (w - c_m + e\tau_M)(\alpha - \beta p) - \dfrac{A}{2}s_M^2 \qquad (5-13)$$

根据假设 5-1，零售商的利润函数为：

$$\pi_R = (p - w)(\alpha - \beta p) + k\tau_R - \dfrac{A}{2}s_R^2 \qquad (5-14)$$

建立斯坦伯格博弈模型来描述制造商和零售商之间的决策顺序关系，并通过逆向归纳法求解模型。

（1）当 $\dfrac{c_M}{\theta} > c_R$（分散模型 I）时：

$\tau_R = s_R$ 和 $\tau_M = 0$，表明在这种情况下，零售商占领了所有回收市场，而制造商不占任何份额。在实践中，$\dfrac{c_M}{\theta} > c_R$ 以及 $\dfrac{c_M}{c_R} > \theta$，这表明，消费者无论如何都会拒绝制造商渠道。这种情况可能是由许多原因造成的，比如，制造商对回收渠道的投资极低。因此有：

$$\begin{cases} \max_{w, s_M} \pi_M = (w - c_m)(\alpha - \beta p) - \dfrac{A}{2}s_M^2 \\ \max_{p, s_R} \pi_R = (p - w)(\alpha - \beta p) + ks_R - \dfrac{A}{2}s_R^2 \end{cases} \qquad (5-15)$$

对于 $\max\limits_{p, s_R} \pi_R = (p - w)d + ks_R - \dfrac{A}{2}s_R^2$，有 Hessian 矩阵：

$$\mathbf{H}_R = \begin{bmatrix} \dfrac{\partial^2 \pi_R}{\partial p^2} & \dfrac{\partial^2 \pi_R}{\partial p \partial s_R} \\ \dfrac{\partial^2 \pi_R}{\partial s_R \partial p} & \dfrac{\partial^2 \pi_R}{\partial s_R^2} \end{bmatrix} = \begin{bmatrix} -2\beta & 0 \\ 0 & -A \end{bmatrix} \tag{5-16}$$

因为 $|\mathbf{H}_{R1}| = -2\beta < 0$ 且 $|\mathbf{H}_{R2}| = 2A\beta > 0$，所以，$\pi_R$ 是严格凹函数，从而有唯一最优解：$p_1^* = \dfrac{\alpha + w\beta}{2\beta}$ 和 $\tau_{R1}^* = s_{R1}^* = \dfrac{k}{A}$。

对于 $\underset{w,s_M}{\max} \pi_M = (\alpha - \beta p_1^*)(w - c_m) - \dfrac{A}{2}s_M^2$，有 Hessian 矩阵：

$$\mathbf{H}_M = \begin{bmatrix} \dfrac{\partial^2 \pi_M}{\partial w^2} & \dfrac{\partial^2 \pi_M}{\partial w \partial s_M} \\ \dfrac{\partial^2 \pi_M}{\partial s_M \partial w} & \dfrac{\partial^2 \pi_M}{\partial s_M^2} \end{bmatrix} = \begin{bmatrix} -\beta & 0 \\ 0 & -A \end{bmatrix} \tag{5-17}$$

因为 $|\mathbf{H}_{M1}| = -\beta < 0$ 且 $|\mathbf{H}_{M2}| = A\beta > 0$，所以，$\pi_M$ 是严格凹函数，从而有唯一最优解 $w_1^* = \dfrac{\alpha + c_m\beta}{2\beta}$ 和 $s_{M1}^* = 0$。通过逆代换得到 $p_1^* = \dfrac{3\alpha + c_m\beta}{4\beta}$。

（2）当 $\dfrac{c_M}{\theta} \leqslant c_R$（分散模型 II）时：

此时，$\tau_R = 1 - \dfrac{s_M - s_R}{1 - \theta}$ 和 $\tau_M = \dfrac{s_M - \theta s_R - (1 - \theta)}{\theta(1 - \theta)}$，这表明，零售商和制造商在回收品市场竞争的情况。与上面的情况类似，$\dfrac{c_M}{\theta} \leqslant c_R$ 以及 $\dfrac{c_M}{c_R} \leqslant \theta$ 表明消费者在不同渠道之间做出决策。这种情况可以通过对制造商的任何合理投资实现，这在大多数电气行业和电子设备行业都存在。

记 u 为 $\dfrac{1}{1 - \theta}$，记 v 为 $\dfrac{1}{\theta}$，然后，有 $\dfrac{u + v}{uv} = 1$ 和 u，$v > 1$。因此，可表示 $\tau_R = 1 - us_M + us_R$ 以及 $\tau_M = uvs_M - us_R - v$。与分散模型 1 相似，斯坦伯格博弈模型如下：

$$\begin{cases} \underset{w,s_M}{\max} \pi_M = [w - c_m + e(uvs_M - us_R - v)](\alpha - \beta p) - \dfrac{A}{2}s_M^2 \\ \underset{p,s_R}{\max} \pi_R = (p - w)(\alpha - \beta p) + k(1 - us_M + us_R) - \dfrac{A}{2}s_R^2 \end{cases} \tag{5-18}$$

类似地，π_R 的 Hessian 矩阵为：

$$H_R = \begin{bmatrix} \dfrac{\partial^2 \pi_R}{\partial p^2} & \dfrac{\partial^2 \pi_R}{\partial p \partial s_R} \\[3mm] \dfrac{\partial^2 \pi_R}{\partial s_R \partial p} & \dfrac{\partial^2 \pi_R}{\partial s_R^2} \end{bmatrix} = \begin{bmatrix} -2\beta & 0 \\ 0 & -A \end{bmatrix} \qquad (5-19)$$

因为 $|H_{R1}| = -2\beta < 0$ 且 $|H_{R2}| = 2A\beta > 0$，所以，π_R 是严格凹函数。

π_M 的 Hessian 矩阵为：

$$H_M = \begin{bmatrix} \dfrac{\partial^2 \pi_M}{\partial w^2} & \dfrac{\partial^2 \pi_M}{\partial w \partial s_M} \\[3mm] \dfrac{\partial^2 \pi_M}{\partial s_M \partial w} & \dfrac{\partial^2 \pi_M}{\partial s_M^2} \end{bmatrix} = \begin{bmatrix} -\beta & -\dfrac{\beta euv}{2} \\[3mm] -\dfrac{\beta euv}{2} & -A \end{bmatrix} \qquad (5-20)$$

因为 $|H_{M1}| = -\beta < 0$ 且 $|H_{M2}| = A\beta - \left(\dfrac{\beta euv}{2}\right)^2 > 0$，所以，只要满足 $4A > \beta e^2 u^2 v^2$，那么，π_M 就是严格凹函数。这意味着，回收渠道投资必须是有代价的，否则，第三方回收商会通过无限提升服务水平来提升回收渠道优势。

通过逆向归纳法，零售商最优的回收投资策略和销售策略是：

$$\begin{cases} s_{R2}^* = \dfrac{ku}{A} \\[3mm] p_{D2}^* = \dfrac{\alpha}{2\beta} + \dfrac{-\alpha\beta e^2 u^2 v^2 + 2\beta keu^2 + 2A\beta ev + 2A\alpha + 2A\beta c_m}{2\beta\left(4A - \beta e^2 u^2 v^2\right)} \end{cases} \qquad (5-21)$$

对制造商的最优回收决策、投资决策和批发定价决策为：

$$\begin{cases} s_{M2}^* = \dfrac{euv\left(\beta eku^2 + A\beta ev + A\beta c_m - A\alpha\right)}{A\left(\beta e^2 u^2 v^2 - 4A\right)} \\[3mm] w_{D2}^* = \dfrac{-\alpha\beta e^2 u^2 v^2 + 2\beta keu^2 + 2A\beta ev + 2A\alpha + 2A\beta c_m}{\beta\left(4A - \beta e^2 u^2 v^2\right)} \end{cases} \qquad (5-22)$$

因此，有制造商的回收率和零售商的回收率：

$$\tau_{R2}^* = 1 - us_{M2}^* + us_{R2}^* = \dfrac{ku^2}{A} + 1 + \dfrac{eu^2 v\left(\beta eku^2 - A\alpha + A\beta c_m + A\beta ev\right)}{A\left(\beta e^2 u^2 v^2 - 4A\right)} \qquad (5-23)$$

$$\tau_{M2}^* = uvs_{M2}^* - us_{R2}^* - v = \dfrac{eu^2 v^2\left(\beta eku^2 - A\alpha + A\beta c_m + A\beta ev\right)}{A\left(\beta e^2 u^2 v^2 - 4A\right)} - v - \dfrac{ku^2}{A} \qquad (5-24)$$

则循环供应链的总回收率为：

$$\tau_{D2}^* = \tau_{R2}^* + \tau_{M2}^* = 1 - v + \frac{euv^2(\beta eku^2 + A\beta ev + A\beta c_m - A\alpha)}{A(\beta e^2 u^2 v^2 - 4A)} \quad (5-25)$$

5.3　循环供应链废旧产品再利用的问题求解和分析

5.3.1　不同再利用方式的最优回收率

引理 5-1： 在再制造成本较低的集中模型中，回收联盟将努力改善回收渠道的投资，提高收益率，降低销售价格，以实现较低的集中成本。

证明：

通过对 τ_C^*（e）求导数，得到：

$$\frac{d\tau_C^*}{de} = \frac{2Aa + \beta e^2(\alpha - \beta c_m)}{(2A - \beta e^2)^2} > 0 \ \text{且} \ \frac{dp_C^*}{de} = \frac{2Ae(\beta c_m - \alpha)}{(2A - \beta e^2)^2} < 0 \quad (5-26)$$

这表明，通过回收再制造降低生产成本，可以正向激励制造商改善回收活动的投资，最终提高使用过物品的回收效率。因此，在一体化供应链中，制造商可以回收更多二手产品进行再制造，并积极推动降低再制造难度的工作，如，更好的模块化设计，更少的专用配件等。相反，$\frac{dp_C^*}{de} < 0$ 表明，再制造的改进也可以使销售价格更低的消费者受益，原因在于，制造商可以从逆向链中获得平衡的补偿。

引理 5-2： 在 $\frac{c_M}{\theta} \leqslant c_R$ 的情况下，所有回收的物品都将被回收再循环，而不是再制造，回收效率完全取决于零售商的回收成本和利润，这意味着回收效率很低，也没有有效的方法促进零售商回收服务投资的改善。

证明：

制造商不在回收活动中，零售商将毫无竞争压力地掌握所有的回收服务和回收物品。因此，零售商回收的动机，是再循环使用过的产品或政府的补偿。从回收利用角度来看，回收效率一定较低，工业污染几乎是可以预见的。从补偿角度来看，政府必须承受巨大的财务压力，一旦补偿被取消（k = 0），零售商将不再回收使用过的产品（$s_{R1}^* = 0$）。

引理 5 - 3：回收活动的竞争可能会降低制造商的利益，从而迫使制造商提高其回收渠道投资，但是，回收的收益（生产成本的降低）并不能保证是制造商的激励。

证明：

对最优结果求导：

$$\frac{d\tau_{M2}^*}{de} = -\frac{u^2 v^2 L_1}{AL_2} - \frac{eu^2 v^2 (\beta ku^2 + Abv)}{AL_2} - \frac{2\beta e^2 u^4 v^2 L_1}{AL_2^2} \quad (5-27)$$

因为 $L_1 = \beta eku^2 + A\beta ev + A\beta c_m - A\alpha < 0$，$L_2 = 4A - \beta e^2 u^2 v^2 > 0$，所以，当 $2\beta eku^2 + 2A\beta ev + A\beta c_m < A\alpha$ 时，$\frac{d\tau_{M2}^*}{de} > 0$。

换句话说，当潜在市场规模大或投资成本高时，可以激励制造商回收更多产品。同样，$\frac{dp_{D2}^*}{de}$ 也是由外生参数决定的，不能确定再制造能否带来明显的价格优势。因此，降低生产成本的再制造优势无法激励制造商去回收，甚至，回收的收益会使制造商失去信心。制造商与零售商之间的竞争将降低循环供应链效率，阻碍绿色供应链发展。

命题 5 - 1：与集中式方案不同，当零售商回收所有使用过的产品 $\left(\frac{c_M}{\theta} > c_R\right)$ 或加入回收竞争 $\left(\frac{c_M}{\theta} \le c_R\right)$ 时，生产成本降低值（e）越高，供应链的总收益率越低。

证明：

尽管这个命题是不直观的，但其背后的商业模式和经济机制在实践中是有意义的。注意收益率 $\tau_R = 1 - us_M + us_R$ 和 $\tau_M = uvs_M - us_R - v$，有 $\frac{\partial \tau_R}{\partial s_R} = u$ 和 $\frac{\partial \tau_R}{\partial s_R} = -u$，以及 $\frac{\partial \tau_M}{\partial s_M} = uv$ 和 $\frac{\partial \tau_M}{\partial s_R} = -u$。因为 $u - uv = -\frac{1}{\theta}$，所以，$0 < u < uv$。因此，有 $\frac{\partial \tau_M}{\partial s_M} > \frac{\partial \tau_R}{\partial s_R}$ 以及 $\frac{\partial \tau_M}{\partial s_R} = \frac{\partial \tau_R}{\partial s_M}$。

也就是说，来自回收竞争对手的投资对零售商和制造商的影响是相等的，而它们的投资对自己的影响是不相等的。在相同的投资条件下，制造商更容易获得较高的投资回报率，这迫使零售商展开激烈的投资竞争。当回收业务的边际利润因竞争激烈（尤其是与远期业务相比）而处于较低水平时，制造商更愿意放弃回收业务，将更多精力集中在新产品销售上。

只有在集中式模型的情形下，生产成本降低对激励制造商在集合上投入更多资金起到了积极作用。因此，在命题 5 - 1 和引理 5 - 1 的基础上，一旦零售商参与了回收活动（无论制造商是否回收），这种积极作用就不再得到保证，回收效率就会降低。在这种情况下，应尽量避免在回收活动中制造商和零售商之间的竞争。对于制造商而言，通过逆向链获取利润的方式是阻止零售商加入回收竞争。不同的国家对回收的合法性有不同的法律和法令，存在完全不同的回收者、不同的回收目标和不同的回收方法，因此，制造商不可能通过法律途径禁止任何其他回收商，该命题很好地说明了世界各地制造商在回收方面不足的原因。

命题 5 - 2：在分散化决策情况下，零售商只要有机会，就会一直尝试回收，导致制造商没有动力去投资回收，再制造的回收效率更低。

零售商的动机是回收或对使用过的产品进行补偿 k，因此，零售商会尽量参与回收竞争，这在政府回收补偿高的国家是很容易满足的。因此，在常规商业模式中，保证高回收效率的唯一途径是垂直整合供应链，集中决策过程。然而，在一些行业整合是很难实现的，而且，消费者更喜欢零售渠道回收（Savaskan et al.，2004）。

命题 5 - 3：如果制造商向零售商提供外包回收活动的补偿合同，那么，零售商获得的回收率可达到集中式模型的最高水平：$\dfrac{A(\alpha e - \beta e c_m)^2}{(2A - \beta e^2)^2}$。

证明：

为了达到与集中式模型相同的恢复效率，有：

$$\tau_0^* = \tau_C^* \Rightarrow \frac{r}{A} = \frac{\alpha e - \beta e c_m}{2A - \beta e^2} \Rightarrow r^* = \frac{A(\alpha e - \beta e c_m)}{2A - \beta e^2} \qquad (5-28)$$

因此，当制造商起草合同时，补偿价格 $\dfrac{A(\alpha e - \beta e c_m)}{2A - \beta e^2}$ 将鼓励零售商投

资于回收活动，利润的分享部分是：$r^* \tau_0^* = \dfrac{r^{*2}}{A} = \dfrac{A (\alpha e - \beta ec_m)^2}{(2A - \beta e^2)^2}$。只要 r^*

$\tau_0^* > k\tau_R^* - \dfrac{A}{2} s_R^{*2}$，零售商也愿意接受合同。

　　二部定价合同可以协调制造商和零售商，使其专注于技术领域：制造商可以专注于生产和再制造，而零售商可以通过其充足的分销网络专注于销售和回收。忽视零售商的渠道优势，顽固地要求制造商回收，以获得较高回收效率的行为是一种浪费。此外，供应链联盟还可以促进其他方面的发展，如信息共享和技术转让。但是，补偿率是制造商最开始设计的，回收活动的投资是由零售商决定的，再制造（e）降低的生产成本很难激励制造商进行回收活动。

　　命题 5 - 4：虽然授权模型的回收效率无法达到集中式模型的最优效率，但生产成本的降低可激励授权模型中的制造商，这意味着，再制造的激励机制仍然有效。

　　证明：

　　根据 $2A > \beta e^2$，$16A > 2A > \beta e^2$ 和 $16A - \beta e^2 > 2A - \beta e^2$，因此，$\dfrac{\alpha e - \beta ec_m}{16A - \beta e^2} <$

$\dfrac{\alpha e - \beta ec_m}{2A - \beta e^2}$ 表示 $\tau_a^* < \tau_C^*$。换句话说，授权机制不能达到与集中式模型相同的恢复效率。

　　相反，

$$\frac{dr^*}{de} = \frac{A(\alpha - \beta c_m)}{16A - \beta e^2} + \frac{2A\beta e^2 (\alpha - \beta c_m)}{(16A - \beta e^2)^2} > 0 \qquad (5 - 29)$$

　　并且有：

$$\frac{ds_a^*}{de} = \frac{\alpha - \beta c_m}{16A - \beta e^2} + \frac{2\beta e^2 (\alpha - \beta c_m)}{(16A - \beta e^2)^2} > 0 \qquad (5 - 30)$$

　　因此，再制造过程中生产成本降低可以激励制造商对零售商进行更多补偿，最终提高回收活动的投资效率和回收效率。

　　虽然授权机制不能达到最优恢复效率，但效率差距可能不会太大。

$\dfrac{\tau_C^* - \tau_a^*}{\tau_a^*} = \dfrac{14A}{16A - \beta e^2}$，如果 $A > \beta$，e^2 $\dfrac{\tau_C^* - \tau_a^*}{\tau_a^*}$ 趋向于 87.5%，那么，协调

效果是可以接受的。因此，如果供应链愿意用回收效率的有限损失换取再制造成本更明显的降低，授权机制也是一种很好的协调方法，它可以更好地从技术研发中获得长期利润。

5.3.2　回收竞争对循环供应链绿色水平的影响机理

消费者对制造商或零售商回收不便利水平的偏见影响了回收率，此外，信息不对称（Wagner，2011）使越来越多的消费者认为制造商的回收更不方便。现进行算例分析，以研究消费者渠道的偏见（$\theta \in (0, 1)$）对供应链主体决策策略和回收效率的影响机理。考虑到实际应用模型的通用性和学术研究的价值，选择第二个分散模型 $\frac{c_M}{\theta} \leq c_R$ 的结果进行进一步研究，最终最优决策为：

$$
制造商：
\begin{cases}
s_{M2}^* = \dfrac{euv(\beta eku^2 + A\beta ev + A\beta c_m - A\alpha)}{A(\beta e^2 u^2 v^2 - 4A)} \\[3mm]
w_{D2}^* = \dfrac{-\alpha\beta e^2 u^2 v^2 + 2\beta keu^2 + 2A\beta ev + 2A\alpha + 2A\beta c_m}{\beta(4A - \beta e^2 u^2 v^2)} \\[3mm]
\tau_{M2}^* = \dfrac{eu^2 v^2(\beta eku^2 - A\alpha + A\beta c_m + A\beta ev)}{A(\beta e^2 u^2 v^2 - 4A)} - v - \dfrac{ku^2}{A}
\end{cases}
$$

$$(5-31)$$

$$
零售商：
\begin{cases}
s_{R2}^* = \dfrac{ku}{A} \\[3mm]
p_{D2}^* = \dfrac{\alpha}{2\beta} + \dfrac{-\alpha\beta e^2 u^2 v^2 + 2\beta keu^2 + 2A\beta ev + 2A\alpha + 2A\beta c_m}{2\beta(4A - \beta e^2 u^2 v^2)} \\[3mm]
\tau_{R2}^* = \dfrac{ku^2}{A} + 1 + \dfrac{eu^2 v(\beta eku^2 - A\alpha + A\beta c_m + A\beta ev)}{A(\beta e^2 u^2 v^2 - 4A)}
\end{cases}
$$

$$(5-32)$$

为了分析不同参数和变量的相对大小关系和变化的影响情况，必须保证参数的赋值不会改变图像的性质，因此，参数的赋值必须保证函数的凹性条件：（1）$2A > \beta e^2$；（2）$4A > \beta e^2 u^2 v^2$；以及（3）$A\alpha > \beta eku^2 + A\beta ev + A\beta c_m$。

根据以上条件和企业面临的实际业态，对参数进行赋值：A = 35、

k = 15、α = 100、β = 1、e = 0.5 和 c_m = 1。根据算例分析结果，提出了以下三个命题以及相应的管理启示。制造商渠道投资水平和零售商渠道投资水平，见图 5 − 3。

命题 5 − 5：由图 5 − 3 可知，回收渠道的偏见印象 θ 对零售商和制造商对于回收渠道的投入有不同的影响：对于制造商，θ 在（0，1）的中值时，制造商在回收渠道上的投资最少，θ 在（0，1）极高值或极低值时，制造商的投资急剧增加；对于零售商，随着 θ 的增加，零售商将同时增加渠道投资 s_{R2}^*（θ）。

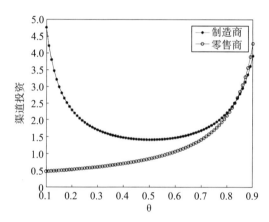

图 5 − 3　制造商渠道投资水平和零售商渠道投资水平
资料来源：笔者绘制。

如果消费者的偏见不是很严重或者不明显，制造商将在回收渠道持有非常稳定的投资，这很好地呼应了命题 5 − 1。一旦零售商参与回收竞争，制造商对回收的兴趣就会降低，降低成本的激励和消费者同等的回收态度都不会鼓励制造商进行更多投资。相反，在没有法律授权的情况下，零售商总会加入竞争。消费者对回收渠道越平等，零售商对其投入越多，制造商的回收率就越低。该命题说明，如果制造商完全放弃回收会完全损失再制造效益，这解释了许多公司为什么宁愿在业绩不佳的情况下保留回收业务，也不愿将其外包的原因。但另外，企业也会尽量避免在回收上投入太多，如果制造商在回收上投入过多，来自零售商的竞争很容易降低制造商的回收率，造成巨大损失。制造商和零售商价格决策，见

图 5 - 4。

命题 5 - 6：图 5 - 4 表明，中等水平的 θ 对制造商和零售商的定价策略影响不大；相反，极低的 θ 会使价格下降。

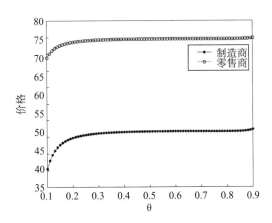

图 5 - 4　制造商价格决策和零售商价格决策

资料来源：笔者绘制。

改变回收渠道偏见，对制造商批发定价和零售商新产品定价的影响非常有限，因此，制造商和零售商降低价格的动机并不明显。再制造业务旨在带来环境效益、工业利润的同时，但回收渠道的竞争违背了这一意图。这个命题突出了协调的重要性。

制造商回收率和零售商回收率，见图 5 - 5。

命题 5 - 7：图 5 - 5 表明，极高水平的回收渠道便利水平（即极低水平的 θ）会使制造的回收率在经历一段稳定期后开始下降；而零售商的回收率则是由回收市场和供应链整体状况决定的。

对于制造商来说，对回收渠道高投入的影响是复杂的。如果 θ 值高，制造商和零售商都会增加投资。高投入会降低制造商的回收率，大幅提高零售商的回收率。如果 θ 值较低，高投入会显著增加制造商的回收率，对零售商的影响不再明显。因此，在回收率方面，高的价值 θ 对零售商来说是有利的。回收渠道的激烈竞争，以零售商的胜利而告终。

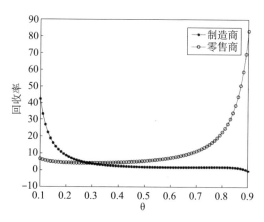

图 5 - 5　制造商回收率和零售商回收率

资料来源：笔者绘制。

5.3.3　考虑废旧产品不同再利用方式的循环供应链协调机制设计

在此，提出了一个合同机制和一个授权机制，旨在回收的所有产品都是由制造商再制造的情况下寻求更高回收率。

（1）合同机制。

在二部定价合同中（Shi and Min，2013），首先，制造商选择退出回收竞争，让零售商从市场上回收所有使用过的产品；其次，零售商投资 s_o 于回收渠道，减轻消费者的不便，提高回收率；再次，零售商将回收的所有物品交给制造商进行再制造，而不是回收后再循环，制造商根据零售商获得的回收产品量和补偿价格 $r\tau_o$ 以及固定费用 F 奖励第三方回收商；最后，制造商通过新的原材料和回收产品来生产新产品。合同机制，如图 5 - 6 所示。

与之前的模型相似，斯坦伯格模型为：

$$\begin{cases} \max_{w} \pi_M = (w - c_m + es_o)(\alpha - \beta p) - r\tau_o - F \\ \max_{p,s_O} \pi_R = (p - w)(\alpha - \beta p) - \dfrac{A}{2}s_o^2 + r\tau_o + F \end{cases} \quad (5-33)$$

图 5 - 6　合同机制

资料来源：笔者绘制。

类似地，制造商的最优决策策略为：

$$w_o^* = \frac{\alpha + \beta c_m - \beta es_o}{2\beta} \qquad (5-34)$$

零售商的最优决策策略为：

$$\begin{cases} p_o^* = \dfrac{3\alpha + \beta c_m - \beta es_o}{4\beta} \\ \\ \tau_o^* = \dfrac{r}{A} \end{cases} \qquad (5-35)$$

（2）授权机制。

本章提出的授权机制也是一种利益分享机制（Zou et al.，2016）：制造商将向零售商提供技术授权而不是合同，并且，只有得到官方授权和补偿的零售商才能进行回收活动。与合同机制中补偿价格 r 是一个外生参数并在业务之前设定不同，在授权机制中，补偿价格 r 是制造商的一个决策变量（Hong et al.，2017）。因此，制造商可以在业务中随时更改补偿价格。首先，制造商将决定向零售商提供的授权补偿价格；其次，零售商将根据补偿决定对回收渠道进行投资；最后，零售商将回收到的所有物品交给制造商进行再制造。其他方面和合同机制的模型结构相似的技术授权，见图 5 -7。

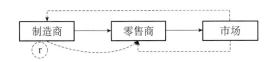

图 5 - 7　技术授权

资料来源：笔者绘制。

相应的斯坦伯格博弈模型如下：

$$\begin{cases} \max\limits_{w,r} \pi_M = (w - c_m + es_a)(\alpha - \beta p) - F - rs_a \\ \\ \max\limits_{p,s_O} \pi_R = (p - w)(\alpha - \beta p) - \dfrac{A}{2}s_a^2 + F + rs_a \end{cases} \qquad (5-36)$$

　　请注意，虽然 F 因素在两种机制中都存在，且 F 对同一机制结构效用的解释也不尽相同，但是，其在现实中的实际意义却存在短暂差异。在合同机制中，固定费用是两部分关税中的一部分，用来根据合同平衡总利润。在大多数情况下，固定费用 F 是非常重要的。另外，授权固定费用 F 是制造商决定的一种选择，制造商可以放弃授权固定费用。

　　授权机制下制造商的最优决策策略为：

$$\begin{cases} w_a^* = \dfrac{\alpha + \beta c_m - \beta e s_o}{2\beta} \\ r^* = \dfrac{A(\alpha e - c_m \beta e)}{16A - \beta e^2} \end{cases} \tag{5-37}$$

零售商的最优决策策略为：

$$\begin{cases} p_a^* = \dfrac{12A\alpha + 4Ac_m\beta - \alpha\beta e^2}{\beta(16A - \beta e^2)} \\ s_a^* = \dfrac{\alpha e - \beta c_m e}{16A - \beta e^2} \end{cases} \tag{5-38}$$

5.4　本章小结

　　本章建立了一个包含制造商和零售商的二阶博弈模型，以研究循环供应链内部主体之间的回收竞争对于再制造效益和再循环效益的影响。研究发现：第一，回收竞争不能提高制造商主导的回收效率，即回收竞争对于提高再制造率和供应链的资源利用效率的影响不大；第二，渠道歧视对分散供应链中回收率和决策策略的影响非常有限，零售商总是愿意进行回收竞争；第三，再制造的低成本优势和回收效率之间没有明显关系，制造商的投资水平并不高；第四，虽然二部定价合同可以达到最优效率，但是，无法体现再制造的低成本优势，授权机制虽然不能带来最好的回收效率，但是，能让再制造的低成本生产优势变得明显；第五，零售商参与回收会加剧回收竞争，导致回收效率下降，随着对回收渠道投入的增加，零售商将逐渐失去消费者渠道偏见带来的福利。

第6章 循环供应链主体和流程协调

循环供应链主体协同和业务流程协调具有一定复杂性：一是循环供应链的主体既包括一般供应链中的主体，又包括诸如第三方回收商的新进回收主体，且循环供应链内外主体还存在相互合作的可能性，因此，需要设计具有灵活性和流动性的高效协调机制来保证参与混合竞争的多主体均能实现帕累托最优；二是循环供应链的业务流程既包括正向流的新产品制造/再制造和销售，又包括逆向流的废旧产品回收和再利用，资源、能源、物流和信息流的循环涉及多个环节，需要所有流程的有效协调，这对于协调机制的设计提出了新的挑战。针对循环供应链主体面临的多主体协调难题，本章首先基于循环供应链内外的制造商、零售商和第三方回收商均参与的回收竞争新业态，探讨在垄断、双寡头垄断或完全混合竞争情景下不同循环供应链主体的最优策略和最优废旧产品回收率，分析相关行业因素对最优策略和最优利润的影响机理；其次，在此基础上提出多种循环供应链协调机制，以支持循环供应链核心企业实现所有主体和流程的有效协调。

6.1 概述

混合竞争模式、不同的废弃产品再利用方式和消费者行为并非三个独立的研究点，这三者在回收市场上相互影响，共同决定了消费者的回收行为、企业的回收效益和供应链的整体绿色水平，对循环供应链主体和流程的协调形成了挑战。首先，受渠道便利水平影响的消费者行为直接决定了混合竞争的市场结构，能提供更高消费者效用的回收商可以覆盖更广的市场范围，这是目前很多制造商对于产品回收业务兴致不高的原因，且服务因素难以刻画，循环供应链核心企业面临制定合理的服务协调机制的难题；其次，混合竞争模式决定了不同的废弃产品再利用方式的具体实现规模，进而决定了供应链的回收效率，并且，寡头的回收市场和双寡头的回收市场也会带来不同的竞争结构，因此，对于不同市场竞争环境，循环供应链的核心企业需要根据各自的特点因地制宜地提供不同类型的协调机制；最后，消费者基于其环保理念的影响，会偏好更加环保、资源利用率更高的产品回收方式，回收商采用不同的废弃产品再利用方式的决策也会影响消费者行为，在设计协调机制的同时，需要考虑不同主体的技术禀赋和能力禀赋，以最大化供应链的废旧产品回收再利用效率和绿色水平。

本章在前文循环供应链多主体网络构建研究的基础上，融合了不同再利用方式和基于服务的回收竞争的研究模型，分析在存在非经济理性消费者的市场中，循环供应链内外部（零售商、制造商和第三方回收商）之间的混合回收竞争，提出不同的协调机制。同时，本章为了明确混合回收竞争对市场造成的影响，也探讨了垄断回收市场的回收效率和双寡头回收市场的不同竞争结构，并对极限情况下的竞争演化模式进行了分析。另外，本章分析了零售商面临与制造商合作完成再制造或独立完成再循环的两种不同废弃品再利用方式。本章研究综合性地分析了目前废弃产品回收市场中回收商可能面临的决策问题，揭示了不同竞争市场对于企业的影响并提出相应的管理启示。

6.2　循环供应链主体及流程协调的问题描述和建模

6.2.1　问题描述

建立一个循环供应链模型，该模型由愿意回收废弃产品并具有再制造能力的制造商、能够将回收业务灵活地整合到现有零售网络的非传统零售商，以及只回收废弃产品的第三方回收商组成。混合竞争回收框架，如图 6 - 1 所示，其中，制造商（M）、零售商（R）和第三方回收商（T）共同存在于一个两级循环供应链中。市场上以便利水平为优先的消费者会选择制造商、零售商和第三方回收商的某个特定的回收服务。回收之后，制造商以单位成本 c 生产新产品，然后，以批发价 ω 批发给零售商。消费者根据价格 p 决定是否从零售商处购买产品。消费者持有的不需要的产品或浪费的产品，可由所有供应链成员重新回收，并在循环供应链的反向流动中实现再利用。回收商决定一定程度的回收便利水平 s_i（$i = M$，R，T），以提高消费者返还意愿，带来成本 $\frac{\Psi}{2}s_i^2$。消费者可根据回收商回收业务的整体回收便利水平，将其使用过的产品返还首选的回收商。

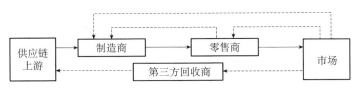

图 6 - 1　混合竞争回归框架

资料来源：笔者绘制。

在回收之后，不同回收商的回收再利用方式有所区别。制造商能够将产品拆解，对有用的部件进行分类，并通过将其送入制造流程进行再制造使单位成本从 c 降低到 $c - \delta$ 的水平（Savaskan et al.，2004）。在与制造商正向业务合作的基础上，零售商可以打包回收后的产品，然后，将其运回制造商处进行再制造，并获得制造商的单位奖励 s_ω。因为缺少再制造能力和与制造商合作的基础，第三方回收商无法回收再制造废弃产品，只能回收并批发到供应链上游，并获得净利润（Atasu and Souza，2013；Zou et al.，2016）。

假设 6 - 1：消费者是异质的，其评估的旧产品的剩余价值和新产品的价值的估值都是服从均匀分布的。

在回收市场上，虽然回收便利水平被认为是经济刺激之外的一种新的退货激励，但是，并不是每个消费者都把退货服务放在首位。为了覆盖所有异质消费者，设定消费者对旧产品剩余价值的评估为 v，均匀分布在一个（0，1）的消费者群体中（Chiang et al.，2003；Moorthy，1988），且密度函数为 f（v）= 1，$v \in$（0，1）。因此，v = 1 的消费者非常珍惜用过的产品，无论回收业务多么便利都不会退货。而 v = 0 的消费者对过期产品没有兴趣，并且要退货。因此，估值 v 也可以看作消费者不愿意返还的程度，积分 $\int_{v_1}^{v_2} f(v)dv$ 是（v_1，v_2）上的消费者的总和。

同样，假设消费者对新产品的估值 v_n 在新产品市场标准化的消费者群 $(0，1)$ 内是均匀分布的（Ferrer and Swaminathan，2010），对于价格为 p 的新产品，只要消费者效用为正，即：$U_N = v_n - p > 0$，消费者就会购买。因此，在一个规模归一化为 1 的市场中，市场需求为 $d = \int_p^1 1 dv_n = 1 - p$。

假设 6 - 2：回收到的产品可由制造商进行再制造，以降低新产品的单位成本，从而产生新的单位成本。

将废旧产品的回收率 τ_i 定义为不同回收商回收的产品占需求 d 的比率（Atasu et al.，2013；Savaskan et al.，2004）。在这个归一化的市场中，$\tau_i = \int_{v \in V_i} f(v) dv$ 表示 $v \in V_i$ 的消费者愿意将其产品返还回收商 i。

对于制造商来说，$\tau_M + \tau_R$ 的产品可以被回收再制造，因此，$\tau_M + \tau_R$ 的新产品可以用再制造的零部件进行生产，这部分产品的成本为 $(c - \delta)(\tau_R + \tau_M)$ d。相应地，无法使用再制造零部件的产品成本为 $c(1 - (\tau_R + \tau_M))$ d。制造商的总成本为 $(c - \delta)(\tau_R + \tau_M)$ d + c $(1 - (\tau_R + \tau_M))$ d = $(c - \delta(\tau_R + \tau_M))$ d。因此，$c - \delta(\tau_R + \tau_M)$ 可以被看作制造商因再制造而拥有的新的、更低的制造成本。

假设 6 - 3：整体的回收便利水平是由便利投资水平和渠道特征（消费者对第三方回收商的不信任和对零售商的渠道偏好）共同决定的。

将回收业务中的消费者净效用定义为回收便利水平：U_i，则 $U_i > 0$ 的消费者愿意退回用过的产品。在考虑制造商的回收业务时，消费者期望得到的是回收便利水平，为 $U_M = s_M - v$，即净效用由回收便利水平和旧产品残值（不情愿程度）共同决定。然后，$U_M > 0$ 且 $V_M = (0，s_M)$ 的消费者接受回收报价，返还不需要的产品。除了 U_M 以外，其他渠道的整体回收便利水平 U_R 和 U_T 需要根据不同的渠道特点（消费者对某一特定回收商的不信任或偏爱）进行更多调整（Rahman and Subramanian，2012）。

第一，零售商的到店回收业务可以被认为更容易接近消费者，因此，对消费者而言，零售商的回收服务更具便利性优势。循环供应链现有的正向流为零售商提供了一个成熟的零售网络，这意味着，零售商更多的线下门店、更多的店员、面对面的以旧换新服务以及即时的回收流程使其可以开展回收业务。零售商拥有独特的渠道优势，并将其转化为其相对于其他回收商的回收优势。因此，将这种便利水平优势命名为消费者对零售商的渠道偏好 γ，$\gamma \in (1, +\infty)$，相对于制造商而言，消费者不愿意返还产品的意愿将被削弱为 $\frac{v}{\gamma}$。零售商提供的回收便利水平下的净剩余为 $U_R = s_R - \frac{v}{\gamma}$，以及 $U_R > 0$ 且 $V_R = (0, \gamma s_R)$ 的消费者选择，将使用过的产品返还零售商。

第二，公司在环境责任方面的公众声誉，深刻影响着消费者回收渠道的选择（Atasu and Subramanian，2012），消费者总是喜欢处理方式更环保的回收渠道（Wagner，2011）。正如提到的，更环保的回收渠道消耗的原材料更少，污染排放更少，再制造比回收更环保。这就是消费者更愿意将用过的产品返还制造商或零售商的原因。因此，消费者不愿意交回产品的意愿，在选择第三方回收商时将成倍增加到 θv，其中，θ，$\theta \in (1, +\infty)$ 是消费者对第三方回收商的不信任。因此，第三方回收商提供的回收便利水平下的净剩余为 $U_T = s_T - \theta v$，$U_T > 0$ 且 $V_T = \left(0, \frac{s_T}{\theta}\right)$ 的消费者选择将使用过的产品返还第三方回收商。回收市场的基础垄断或竞争结构是由 U_i 的正负性决定的。不同回收市场的情况，如表 6 - 1 所示。

表 6 - 1　　　　　　　　　　不同回收市场的情况

消费者效用	回收市场情况
$U_i < 0$	消费者拒绝返还
$U_M > 0 \wedge U_R < 0 \wedge U_T < 0$	制造商垄断回收市场
$U_M < 0 \wedge U_R > 0 \wedge U_T < 0$	零售商垄断回收市场
$U_M < 0 \wedge U_R < 0 \wedge U_T > 0$	第三方回收商垄断回收市场
$U_M > 0 \wedge U_R > 0 \wedge U_T < 0$	制造商、零售商双寡头竞争
$U_M > 0 \wedge U_R < 0 \wedge U_T > 0$	制造商、第三方回收商双寡头竞争
$U_M < 0 \wedge U_R > 0 \wedge U_T > 0$	零售商、第三方回收商双寡头竞争
$U_M > 0 \wedge U_R > 0 \wedge U_T > 0$	制造商、零售商、第三方回收商混合竞争

资料来源：笔者绘制。

假设 6 - 4：制造商领导斯坦伯格博弈模型，而零售商和第三方回收商同时在制造商之后做出决策。

采用斯坦伯格博弈的方式对两阶段框架进行建模，然后，用逆向归纳法求解。这一假设也被应用于类似的研究中（Feng et al.，2017；Savaskan et al.，2004）。

6.2.2 垄断、双寡头和混合回收竞争的回收市场结构

在垄断回收市场中，$V_M = (0, s_M)$、$V_R = (0, \gamma s_R)$ 或 $V_T = \left(0, \dfrac{s_T}{\theta}\right)$ 准确地描述了制造商、零售商或第三方回收商所吸引消费者的分布情况。在回收商竞争的回收市场中，消费者通过比较不同的回收方案做出选择，并根据回收的便利水平 s_i、渠道偏好 γ 和渠道歧视 θ 选择自己喜欢的方案。为了研究混合竞争对回收市场的影响，分别分析了垄断回收函数、双寡头回收函数和混合竞争回收函数，以进行进一步分析。在此基础上，提出了基于混合竞争回收函数的混合循环供应链模型。

（1）垄断市场。

在垄断场景中，只有制造商、零售商或第三方回收商回收废弃产品，换句话说，在此场景中不存在竞争。尽管这种情况在现实商业中并不常见，但是，将在以后的比较中研究它，以调查竞争对回收市场的影响。正如前面提到的，当且仅当 $U_i > 0$，消费者将选择返还产品给 i。因此，在完全被一个回收商垄断的无竞争的回收市场中，垄断吸引了 V_M、V_R 或 V_T 的消费者。为了区分不同场景中的变量，使用上标符号 $j = M, R, T$ 描述不同的垄断厂商，即制造商、零售商和第三方回收商回收的便利水平 s_i^j 和回收函数 τ_i^j。因此，有 $\tau_M^M = \displaystyle\int_0^{s_M^M} f(v)\,dv = \int_0^{s_M^M} 1\,dv = s_M^M$，同样地，$\tau_T^T = \dfrac{s_T^T}{\theta}$ 且 $\tau_R^R = \gamma s_R^R$。

（2）双寡头市场。

在回收行业中更常见的双寡头情形中，考虑三种可能的组合：制造商和零售商（MR）之间的回收竞争，零售商和第三方回收商（RT）之间的

回收竞争，以及制造商和第三方回收商（MT）之间的竞争。同样，将用上标来表示双寡头情形下的回收便利水平和回收函数，如，s_i^{jj}，jj = MR，RT，MT。

对于 MR，有一个前提条件：$v \in (0, s_M^{MR}) \wedge v \in (0, \gamma s_R^{MR})$，否则，消费者拒绝返还制造商（$v \in (s_M^{MR}, 1)$）或零售商（$v \in (\gamma s_R^{MR}, 1)$），这将导致一个垄断的回收市场或者更糟，根本没有回收（$v \in (s_M^{MR}, 1) \wedge v \in (\gamma s_R^{MR}, 1)$）。

此时，选择制造商的消费者分布于：

$$U_M > U_R \text{ 且 } s_M^{MR} - v > s_R^{MR} - \frac{v}{\gamma} \text{ 且 } v < \frac{\gamma s_M^{MR} - \gamma s_R^{MR}}{\gamma - 1} \tag{6-1}$$

$$s_M^{MR} - v > s_R^{MR} - \frac{v}{\gamma} \text{ 且 } v < \frac{\gamma s_M^{MR} - \gamma s_R^{MR}}{\gamma - 1} \tag{6-2}$$

选择零售商的消费者分布于：

$$U_M < U_R \text{ 且 } v > \frac{\gamma s_M^{MR} - \gamma s_R^{MR}}{\gamma - 1} \tag{6-3}$$

换句话说，当且仅当，$v \in (0, s_M^{MR}) \wedge v \in \left(0, \dfrac{\gamma s_M^{MR} - \gamma s_R^{MR}}{\gamma - 1}\right)$，消费者将选择制造商。当且仅当，$v \in (0, \gamma s_R^{MR}) \wedge v \in \left(\dfrac{\gamma s_M^{MR} - \gamma s_R^{MR}}{\gamma - 1}, 1\right)$，消费者会选择零售商。然后，讨论 s_M^{MR}、γs_R^{MR} 和 $\dfrac{\gamma s_M^{MR} - \gamma s_R^{MR}}{\gamma - 1}$ 的值，并找出具体的消费者分布。

第一，当 $s_R^{MR} < s_M^{MR} < \gamma s_R^{MR}$ 时，$s_M^{MR} - \dfrac{\gamma s_M^{MR} - \gamma s_R^{MR}}{\gamma - 1} > 0$ 且 $\gamma s_R^{MR} - \dfrac{\gamma s_M^{MR} - \gamma s_R^{MR}}{\gamma - 1} > 0$，MR 竞争模型，见图 6 - 2。因此，$\dfrac{\gamma s_M^{MR} - \gamma s_R^{MR}}{\gamma - 1} < s_M^{MR} < \gamma s_R^{MR}$。根据图 6 - 2（i），则有：

$$\tau_M^{MR} = \int_0^{\frac{\gamma s_M^{MR} - \gamma s_R^{MR}}{\gamma - 1}} 1 \, dv = \frac{\gamma s_M^{MR} - \gamma s_R^{MR}}{\gamma - 1} \text{ 且 } \tau_R^{MR} = \int_{\frac{\gamma s_M^{MR} - \gamma s_R^{MR}}{\gamma - 1}}^{\gamma s_R^{MR}} 1 \, dv = \frac{\gamma^2 s_R^{MR} - \gamma s_M^{MR}}{\gamma - 1}$$

$$\tag{6-4}$$

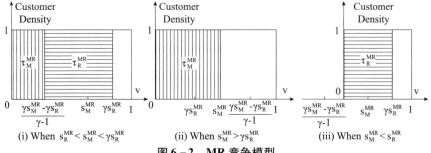

图 6 – 2　MR 竞争模型

资料来源：笔者绘制。

第二，当 $s_M^{MR} > \gamma s_R^{MR}$ 时，$s_M^{MR} - \dfrac{\gamma s_M^{MR} - \gamma s_R^{MR}}{\gamma - 1} = \dfrac{\gamma s_R^{MR} - s_M^{MR}}{\gamma - 1} < 0$ 且 $\gamma s_R^{MR} -$

$\dfrac{\gamma s_M^{MR} - \gamma s_R^{MR}}{\gamma - 1} = \dfrac{\gamma\left(\gamma s_R^{MR} - s_M^{MR}\right)}{\gamma - 1} < 0$，因此，$\dfrac{\gamma s_M^{MR} - \gamma s_R^{MR}}{\gamma - 1} > s_M^{MR} > \gamma s_R^{MR}$。根 据

图 6 – 2（ii），则有：

$$\tau_M^{MR} = \int_0^{s_M^{MR}} 1 \mathrm{d}v = s_M^{MR} \text{ 且 } \tau_R^{MR} = \int_\varnothing 1 \mathrm{d}v = 0 \qquad (6-5)$$

第三，当 $s_M^{MR} < s_R^{MR}$ 时，$\dfrac{\gamma s_M^{MR} - \gamma s_R^{MR}}{\gamma - 1} < 0$，因此，$\dfrac{\gamma s_M^{MR} - \gamma s_R^{MR}}{\gamma - 1} < 0 < s_M^{MR} <$

γs_R^{MR}。根据图 6 – 2（iii），则有：

$$\tau_M^{MR} = \int_\varnothing 1 \mathrm{d}v = 0 \text{ 且 } \tau_R^{MR} = \int_0^{\gamma s_R^{MR}} 1 \mathrm{d}v = \gamma s_R^{MR} \qquad (6-6)$$

$\tau_R^{MR} = 0$ 和 $\tau_M^{MR} = 0$ 表明，当 $s_M^{MR} > \gamma s_R^{MR}$ 且 $s_M^{MR} < s_R^{MR}$ 时回收市场消失，在此假设 $s_R^{MR} < s_M^{MR} < \gamma s_R^{MR}$，以保证双寡头市场成立。在制造商和零售商的情况下，回收函数为：

$$\begin{cases} \tau_M^{MR} = \dfrac{\gamma s_M^{MR} - \gamma s_R^{MR}}{\gamma - 1} \\ \tau_R^{MR} = \dfrac{\gamma^2 s_R^{MR} - \gamma s_M^{MR}}{\gamma - 1} \end{cases}, s_R^{MR} < s_M^{MR} < \gamma s_R^{MR} \qquad (6-7)$$

RT 竞争模型，见图 6 – 3。

对于 RT，类似地，当 $U_R > U_T$ 且 $s_R^{RT} - \dfrac{v}{\gamma} > s_T^{RT} - \theta v$ 且 $v > \dfrac{\gamma s_T^{RT} - \gamma s_R^{RT}}{\gamma\theta - 1}$ 时，消费者会选择零售商。当 $s_R^{RT} > s_T^{RT}$ 和 $s_T^{RT} > \gamma\theta s_R^{RT}$ 时，双寡头市场会转变为垄断市场，见图 6 - 3（ii）、图 6 - 3（iii）。

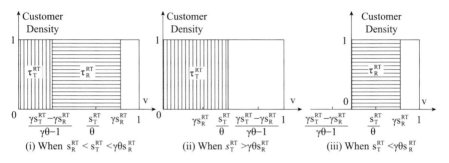

(i) When $s_R^{RT} < s_T^{RT} < \gamma\theta s_R^{RT}$　　　(ii) When $s_T^{RT} > \gamma\theta s_R^{RT}$　　　(iii) When $s_T^{RT} < \gamma\theta s_R^{RT}$

图 6 - 3　RT 竞争模型

资料来源：笔者绘制。

因此，当且仅当在图 6 - 3（i）中，即 $s_R^{RT} < s_T^{RT} < \gamma\theta s_R^{RT}$ 时，有 R - T 竞争环境下的双方回收函数：

$$
\begin{cases}
\tau_R^{RT} = \dfrac{\gamma^2\theta s_R^{RT} - \gamma s_T^{RT}}{\gamma\theta - 1}, & s_R^{RT} < s_T^{RT} < \gamma\theta s_R^{RT} \\[3mm]
\tau_T^{RT} = \dfrac{\gamma s_T^{RT} - \gamma s_R^{RT}}{\gamma\theta - 1}
\end{cases}
\quad (6 - 8)
$$

MT 竞争模型，见图 6 - 4。

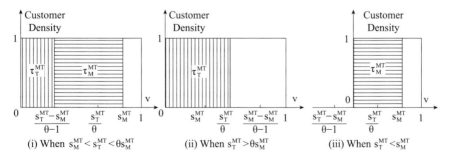

(i) When $s_M^{MT} < s_T^{MT} < \theta s_M^{MT}$　　　(ii) When $s_T^{MT} > \theta s_M^{MT}$　　　(iii) When $s_T^{MT} < s_M^{MT}$

图 6 - 4　MT 竞争模型

资料来源：笔者绘制。

对于 MT，当 $s_T^{MT} > \theta s_M^{MT}$ 和 $s_T^{MT} < s_M^{MT}$ 时，竞争消失，见图 6 - 4（ii）、图 6 - 4（iii）。

因此，当且仅当 $s_M^{MT} < s_T^{MT} < \theta s_M^{MT}$ 时，有回收函数：

$$\begin{cases} \tau_M^{MT} = \dfrac{\theta s_M^{MT} - s_T^{MT}}{\theta - 1} \\ \tau_T^{MT} = \dfrac{s_T^{MT} - s_M^{MT}}{\theta - 1} \end{cases}, s_M^{MT} < s_T^{MT} < \theta s_M^{MT} \qquad (6-9)$$

（3）混合竞争市场。

在混合竞争场景中，制造商、零售商和第三方回收商共同参与废旧产品回收的竞争。消费者从三个回收商处感受到回收的便利水平，同时，会感受到对第三方回收商的渠道歧视和对零售商的渠道偏好。用 s_i^{MRT} 表示回收便利水平，用 τ_i^{MRT} 表示回收函数。同样，选择制造商的消费者：$U_M > \max\{U_R, U_T, 0\}$，选择零售商的消费者：$U_R > \max\{U_T, U_M, 0\}$，以及选择第三方回收商的消费者：$U_T > \max\{U_M, U_R, 0\}$。更具体地说，有：

$$V_M = (0, s_M^{MRT}) \text{且} \left(0, \frac{\gamma s_M^{MRT} - \gamma s_R^{MRT}}{\gamma - 1}\right) \text{且} \left(\frac{s_T^{MRT} - s_M^{MRT}}{\theta - 1}, 1\right) \qquad (6-10)$$

$$V_R = (0, \gamma s_R^{MRT}) \text{且} \left(\frac{\gamma s_T^{MRT} - \gamma s_R^{MRT}}{\theta \gamma - 1}, 1\right) \text{且} \left(\frac{\gamma s_M^{MRT} - \gamma s_R^{MRT}}{\gamma - 1}, 1\right) \qquad (6-11)$$

$$V_T = \left(0, \frac{s_T^{MRT}}{\theta}\right) \text{且} \left(0, \frac{\gamma s_T^{MRT} - \gamma s_R^{MRT}}{\theta \gamma - 1}\right) \text{且} \left(0, \frac{s_T^{MRT} - s_M^{MRT}}{\theta - 1}\right) \qquad (6-12)$$

必须确保先决条件 $s_R^{MRT} < s_M^{MRT} < \gamma s_R^{MRT}$、$s_R^{MRT} < s_T^{MRT} < \gamma \theta s_R^{MRT}$ 和 $s_M^{MRT} < s_T^{MRT} < \theta s_M^{MRT}$，以维持回收竞争。例如，$s_M^{MRT} > \gamma s_R^{MRT}$，零售商将被赶出竞争，在混合竞争的回收市场中，假定 $s_R^{MRT} < s_M^{MRT} < s_T^{MRT} < \theta s_M^{MRT} < \gamma \theta s_R^{MRT}$，进而：

$$\max\left\{\frac{\gamma s_M^{MRT} - \gamma s_R^{MRT}}{\gamma - 1}, \frac{\gamma s_T^{MRT} - \gamma s_R^{MRT}}{\gamma \theta - 1}, \frac{s_T^{MRT} - s_M^{MRT}}{\theta - 1}\right\} < \frac{s_T^{MRT}}{\theta} < s_M^{MRT} < \gamma s_R^{MRT}$$

$$(6-13)$$

为了确定不同消费者的分布，有：

$$\frac{\gamma s_T^{MRT} - \gamma s_R^{MRT}}{\gamma\theta - 1} - \frac{s_T^{MRT} - s_M^{MRT}}{\theta - 1} =$$

$$\frac{\gamma\ (\theta - 1)\ (s_M^{MRT} - s_R^{MRT})\ -\ (\gamma - 1)\ (s_T^{MRT} - s_M^{MRT})}{(\gamma\theta - 1)\ (\theta - 1)} \tag{6 - 14}$$

$$\frac{s_T^{MRT} - s_M^{MRT}}{\theta - 1} - \frac{\gamma s_M^{MRT} - \gamma s_R^{MRT}}{\gamma - 1} =$$

$$\frac{(\gamma - 1)\ (s_T^{MRT} - s_M^{MRT})\ -\ \gamma\ (\theta - 1)\ (s_M^{MRT} - s_R^{MRT})}{(\theta - 1)\ (\gamma - 1)} \tag{6 - 15}$$

$$\frac{\gamma s_M^{MRT} - \gamma s_R^{MRT}}{\gamma - 1} - \frac{\gamma s_T^{MRT} - \gamma s_R^{MRT}}{\gamma\theta - 1} =$$

$$\frac{\gamma[\ \gamma\ (\theta - 1)\ (s_M^{MRT} - s_R^{MRT})\ -\ (\gamma - 1)\ (s_T^{MRT} - s_M^{MRT})\ ]}{(\gamma\theta - 1)\ (\gamma - 1)} \tag{6 - 16}$$

可得:

$$\gamma\ (\theta - 1)\ (s_M^{MRT} - s_R^{MRT})\ -\ (\gamma - 1)\ (s_T^{MRT} - s_M^{MRT})\ > 0$$

$$且 \frac{s_M^{MRT} - s_R^{MRT}}{s_T^{MRT} - s_M^{MRT}} > \frac{1 - \dfrac{1}{\gamma}}{\theta - 1} \tag{6 - 17}$$

因此, $\dfrac{s_M^{MRT} - s_R^{MRT}}{s_T^{MRT} - s_M^{MRT}}$ 的值决定了回收函数。设定 $\Delta_{M-R} = s_M^{MRT} - s_R^{MRT}$ 和 $\Delta_{T-M} = s_T^{MRT} - s_M^{MRT}$, Δ_{M-R} 是制造商与零售商之间的便利水平差异, Δ_{T-M} 是第三方回收商与制造商之间的差异。 $1 - \dfrac{1}{\gamma}$ 表示因零售商的零售网络使消费者不愿意的程度降低了多少; $\theta - 1$ 表示因对第三方回收商的不信任使消费者不愿意的程度提高了多少。

当 $\dfrac{\Delta_{M-R}}{\Delta_{T-M}} > \dfrac{1 - \dfrac{1}{\gamma}}{\theta - 1}$ 时, 有 $\dfrac{\gamma s_M^{MRT} - \gamma s_R^{MRT}}{\gamma - 1} > \dfrac{\gamma s_T^{MRT} - \gamma s_R^{MRT}}{\gamma\theta - 1} > \dfrac{s_T^{MRT} - s_M^{MRT}}{\theta - 1}$, MRT

且 $\dfrac{\Delta_{M-R}}{\Delta_{T-M}} > \dfrac{1 - \dfrac{1}{\gamma}}{\theta - 1}$ 的竞争模型, 如图 6 - 5 所示。

则回收函数为:

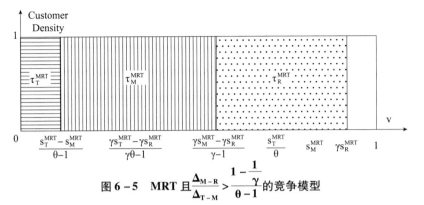

图 6-5　MRT 且 $\dfrac{\Delta_{M-R}}{\Delta_{T-M}} > \dfrac{1-\dfrac{1}{\gamma}}{\theta-1}$ 的竞争模型

资料来源：笔者绘制。

$$
\left\{
\begin{array}{l}
\tau_M^{MRT} = \dfrac{(\gamma\theta-1)\,s_M^{MRT} - \gamma\,(\theta-1)\,s_R^{MRT} - (\gamma-1)\,s_T^{MRT}}{(\theta-1)(\gamma-1)} \\[4mm]
\tau_R^{MRT} = \dfrac{\gamma^2 s_R^{MRT} - \gamma s_M^{MRT}}{\gamma-1} \\[4mm]
\tau_T^{MRT} = \dfrac{s_T^{MRT} - s_M^{MRT}}{\theta-1}
\end{array}
\right. , \quad \dfrac{\Delta_{M-R}}{\Delta_{T-M}} > \dfrac{1-\dfrac{1}{\gamma}}{\theta-1}
$$

$$(6-18)$$

当 $\dfrac{\Delta_{M-R}}{\Delta_{T-M}} < \dfrac{1-\dfrac{1}{\gamma}}{\theta-1}$ 时，有 $\dfrac{\gamma s_M^{MRT} - \gamma s_R^{MRT}}{\gamma-1} < \dfrac{\gamma s_T^{MRT} - \gamma s_R^{MRT}}{\gamma\theta-1} < \dfrac{s_T^{MRT} - s_M^{MRT}}{\theta-1}$，MRT

且 $\dfrac{\Delta_{M-R}}{\Delta_{T-M}} < \dfrac{1-\dfrac{1}{\gamma}}{\theta-1}$ 的竞争模型，如图 6-6 所示。

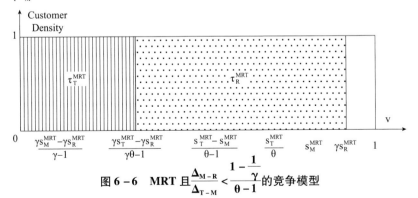

图 6-6　MRT 且 $\dfrac{\Delta_{M-R}}{\Delta_{T-M}} < \dfrac{1-\dfrac{1}{\gamma}}{\theta-1}$ 的竞争模型

资料来源：笔者绘制。

当 $\dfrac{\Delta_{M-R}}{\Delta_{T-M}} < \dfrac{1-\dfrac{1}{\gamma}}{\theta-1}$ 时，没有消费者选择制造商，混合回收竞争退化为双寡头竞争，因此，暂不考虑这种情况。

定理 6 – 1：根据消费者效用理论，可得到垄断、双寡头和混合竞争回收市场中制造商、零售商和第三方回收商的回收函数。

6.2.3　基于混合回收竞争的博弈模型

本章基于混合竞争回收中的回收函数，对混合循环供应链的框架进行建模。为更好的可读性，设置 $s_i = s_i^{MRT}$ 和 $\tau_i = \tau_i^{MRT}$，垄断和双寡头垄断中的参数保持不变。制造商、零售商和第三方回收商在市场上竞相回收废弃产品，然后，以不同的形式处理。制造商以其在供应链管理和消费者关系管理方面无可争辩的力量主导着循环供应链。因此，这是一个由制造商主导的斯坦伯格博弈模型，而零售商和第三方回收商作为追随者对制造商的决策做出反应。

制造商的收入，即：$[\omega-(c-\delta(\tau_M+\tau_R))]d$，来自以降低单位成本的方式批发新产品，这要归功于再制造带来的成本降低。此外，制造商应投资 $\dfrac{\Psi}{2}s_M^2$ 以提高回收业务的便利水平，以及用 $s_\omega\tau_R$ 来补偿零售商在废物回收方面的努力。总的来说，制造商的利润函数为：

$$\pi_M(\omega,s_\omega,s_M)=[\omega-(c-\delta(\tau_M+\tau_R))]d-\frac{\Psi}{2}s_M^2-s_\omega\tau_R \qquad (6-19)$$

因此，零售商的收入包括新产品销售 $(p-\omega)d$ 和制造商的补偿 $s_\omega\tau_R$。再考虑到回收便利水平的投资 $\dfrac{\Psi}{2}s_R^2$，零售商的利润函数为：

$$\pi_R(p,s_R)=(p-\omega)d+s_\omega\tau_R-\frac{\Psi}{2}s_R^2 \qquad (6-20)$$

缺乏回收产品的再制造能力使第三方回收商通常会将废弃产品交给上游供应链，通过回收便利水平投资 $\dfrac{\Psi}{2}s_T^2$ 获得收益 $k\tau_T$，即利润函数为：

$$\pi_T(s_T)=k\tau_T-\frac{\Psi}{2}s_T^2 \qquad (6-21)$$

命题 6 – 1：通过循环供应链各主体的最优决策，可以实现混合循环供应链的斯坦伯格博弈均衡，从而得到不同主体的最优回收率。

证明：

运用 Hessian 矩阵等方法对模型的凹性进行检验，并同时通过逆向归纳法求得制造商、零售商和第三方回收商的最优解。

对 π_T 求一阶导，通过 FOC 得到：$\dfrac{d\pi_T}{ds_T} = \dfrac{k}{\theta - 1} - \Psi s_T$ 和 $s_T^* = \dfrac{k}{(\theta - 1)\ \Psi}$。对 π_T 求二阶导，得到 $\dfrac{d^2\pi_T}{ds_T^2} = -\Psi < 0$，因此，$\pi_T$ 满足 SOC，即 π_T 是严格凹函数。

对 π_R 求一阶导，得到：$\dfrac{\partial\ \pi_R}{\partial\ s_R} = \dfrac{\gamma^2 s_\omega}{\gamma - 1} - \Psi s_R$ 和 $\dfrac{\partial\ \pi_R}{\partial\ p} = \omega - 2p + 1$。通过 FOC，得到：$s_R^*\ (s_\omega) = \dfrac{\gamma^2 s_\omega}{(\gamma - 1)\ \Psi}$ 和 $p^*\ (\omega) = \dfrac{\omega + 1}{2}$。因此，Hessian 矩阵为：

$$\mathbf{H}_{\pi_R} = \begin{bmatrix} \dfrac{\partial^2 \pi_R}{\partial p^2} & \dfrac{\partial^2 \pi_R}{\partial p \partial s_R} \\ \dfrac{\partial^2 \pi_R}{\partial s_R \partial p} & \dfrac{\partial^2 \pi_R}{\partial s_R^2} \end{bmatrix} = \begin{bmatrix} -2 & 0 \\ 0 & -\Psi \end{bmatrix} \tag{6 - 22}$$

$|\mathbf{H}_{\pi_{R1}}| = |-2| = -2 < 0$ 且 $|\mathbf{H}_{\pi_{R2}}| = \begin{vmatrix} -2 & 0 \\ 0 & -\Psi \end{vmatrix} = 2\Psi > 0$，$\pi_R$ 是关于 $\{s_R,\ p\}$ 的严格凹函数。进一步地，将 $s_R^*\ (s_\omega) = \dfrac{\gamma^2 s_\omega}{(\gamma - 1)\ \Psi}$、$p^*(\omega) = \dfrac{\omega + 1}{2}$ 和 $s_T^* = \dfrac{k}{(\theta - 1)\ \Psi}$ 代入 π_M 中，得到：

$$\begin{cases} \dfrac{\partial \pi_M}{\partial s_M} = \dfrac{\gamma s_\omega}{\gamma - 1} - \Psi s_M - \dfrac{\delta(\omega - 1)}{2(\theta - 1)} \\[4mm] \dfrac{\partial \pi_M}{\partial s_\omega} = \dfrac{\gamma s_M - \dfrac{\gamma^4}{\Psi(\gamma - 1)} s_\omega}{\gamma - 1} - \dfrac{\gamma^4 s_\omega}{\Psi\ (\gamma - 1)^2} - \dfrac{\delta\gamma^3(\omega - 1)}{2\Psi(\gamma - 1)} \\[4mm] \dfrac{\partial \pi_M}{\partial \omega} = \dfrac{c}{2} - \omega - \dfrac{\delta}{2}\left(\dfrac{s_M}{\theta - 1} - \dfrac{k}{\Psi} + \dfrac{\gamma^3 s_\omega}{\Psi(\gamma - 1)} \right) + \dfrac{1}{2} \end{cases} \tag{6 - 23}$$

因此，π_M 的 Hessian 矩阵是：

$$\mathbf{H}_{\pi_M} = \begin{bmatrix} -\Psi & \dfrac{\gamma}{\gamma - 1} & -\dfrac{\delta}{2(\theta - 1)} \\[3mm] \dfrac{\gamma}{\gamma - 1} & -\dfrac{2\gamma^4}{\Psi(\gamma - 1)^2} & -\dfrac{\delta\gamma^3}{2\Psi(\gamma - 1)} \\[3mm] -\dfrac{\delta}{2(\theta - 1)} & -\dfrac{\delta\gamma^3}{2\Psi(\gamma - 1)} & -1 \end{bmatrix} \qquad (6-24)$$

因为 $|\mathbf{H}_{\pi_{M1}}| = -\Psi < 0$、$|\mathbf{H}_{\pi_{M2}}| = \dfrac{2\gamma^2(\gamma^2 - 1)}{(\gamma - 1)^2} > 0$ 且 $|\mathbf{H}_{\pi_{M3}}| = \dfrac{(\delta^2\gamma^4 - 8\Psi\gamma^4 + 4\Psi)}{4\Psi(\gamma - 1)^2} + \dfrac{2\delta^2\gamma\theta}{4\Psi(\gamma - 1)^2(\theta - 1)^2}$，所以，当 $4\Psi > \dfrac{\delta^2\gamma}{(2\gamma^2 - 1)}\left(\gamma^3 + \dfrac{2\theta}{(\theta - 1)^2}\right)$ 时，π_M 为 $\{(s_M, s_\omega, \omega)\}$ 上的严格凹函数。换句话说，改善渠道便利水平的成本不应无限小，以保证函数的凹性。否则，回收商将无休止地投资于收藏服务，而这是不现实的。通过逆向归纳法，可以得到模型的最后决策：ω^*、s_ω^*、s_M^*、p^*、s_R^* 和 s_T^*。

在制造商、零售商和第三方回收商相互竞争的情景下，制造商认可零售商在其线下门店回收废弃产品，而零售商也愿意将回收到的产品交给制造商。这一商业合作伴随着制造商和零售商签订的强有力的正向链零售合同而展开。但那些与制造商没有良好合作或有效合作的零售店，以及被制造商拒绝建立反向供应链的零售店，则无法与制造商进行合作，而不得不再循环回收到的产品。另外，如果存在政府鼓励废物回收的补贴，零售商再循环处理的回收物品可能更有利可图。因此，零售商可能更喜欢再循环的形式，而不是交由制造商的再制造。在本章中，将研究零售商回收废品后进行再循环的问题。据此，提出了一种新的零售商回收混合循环供应链模型框架（上标为 RR），考虑零售商再循环的混合循环供应链模型，如图 6-7 所示。

在该模型中，第三方回收商具有相同的业务功能和盈利功能：

$$\pi_T^{\,RR}(s_T) = k\tau_T - \frac{\Psi}{2}s_T^2 \qquad (6-25)$$

不同的是，零售商通过新产品的销售和再循环废弃产品获得收入，而零售商新的利润函数为：

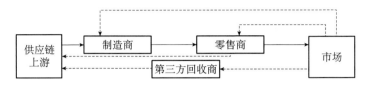

图 6-7　考虑零售商再循环的混合循环供应链模型

资料来源：笔者绘制。

$$\pi_R^{RR}(p, s_R) = (p - \omega)d + k\tau_R - \frac{\Psi}{2}s_R^2 \qquad (6-26)$$

零售商拒绝回收合作，制造商只能依靠自己回收的产品进行再制造。制造商新的利润函数为：

$$\pi_M^{RR}(\omega, s_M) = [\omega - (c - \delta\tau_M)]d - \frac{\Psi}{2}s_M^2 \qquad (6-27)$$

与原模型相似，检验了函数的凹性，并利用逆向归纳法求解了斯坦伯格博弈。得到最佳决策 s_M^{*RR}、ω^{*RR}、s_R^{*RR}、p^{*RR} 和 s_T^{*RR}，以及对应的回收率 τ_M^{*RR}、τ_R^{*RR} 和 τ_T^{*RR}。

6.3　循环供应链主体及流程协调的问题求解和分析

6.3.1　垄断、双寡头和混合回收竞争的对比分析

命题 6-2：在回收竞争模式下，回收市场的总规模是由最受消费者欢迎的渠道回收商的渠道便利水平决策决定的。同时，消费者渠道偏好有助于扩大市场规模，而在混合回收竞争市场中，再制造和再循环的比例受到制造商、第三方回收商和渠道歧视的综合影响。

证明：

对于 MR 双寡头竞争模型：

$$\sum_{i=M,R,T} \tau_i^{MR} = \frac{\gamma s_M^{MR} - \gamma s_R^{MR}}{\gamma - 1} + \frac{\gamma^2 s_R^{MR} - \gamma s_M^{MR}}{\gamma - 1} = \gamma s_R^{MR} \qquad (6-28)$$

对于 RT 双寡头竞争模型：

$$\sum_{i=M,R,T} \tau_i^{RT} = \frac{\gamma^2 \theta s_R^{RT} - \gamma s_T^{RT}}{\gamma\theta - 1} + \frac{\gamma s_T^{RT} - \gamma s_R^{RT}}{\gamma\theta - 1} = \gamma s_R^{RT} \qquad (6-29)$$

对于 MT 双寡头竞争模型：

$$\sum_{i=M,R,T} \tau_i^{MT} = \frac{\theta s_M^{MT} - s_T^{MT}}{\theta - 1} + \frac{s_T^{MT} - s_M^{MT}}{\theta - 1} = s_M^{MT} \qquad (6-30)$$

对于 MRT 混合竞争模型：

$$\sum_{i=M,R,T} \tau_i^{MRT} = \frac{(\gamma\theta - 1)s_M^{MRT} - \gamma(\theta - 1)s_R^{MRT} - (\gamma - 1)s_T^{MRT}}{(\theta - 1)(\gamma - 1)} + \frac{\gamma^2 s_R^{MRT} - \gamma s_M^{MRT}}{\gamma - 1} +$$

$$\frac{s_T^{MRT} - s_M^{MRT}}{\theta - 1} = \gamma s_R^{MTR} \qquad (6-31)$$

消费者对于不同渠道的偏好程度为 R > M > T。从式（6-31）可以看出，在有零售商存在的竞争环境中，基于消费者对于零售商线下零售网络的偏好，市场的总回收规模均为 $\gamma s_R^{MR,RT,MRT}$；而在没有零售商存在的市场环境中，基于消费者对于第三方回收商的不信任和环保意识，市场的总回收规模为 s_M^{MT}。因此，市场的总回收规模，是由消费者最偏好渠道的回收商的渠道便利水平决策决定的。

另外，$\gamma s_R^{MR,RT,MRT}$ 和 s_M^{MT} 的对比，说明消费者对于零售商渠道的偏好会放大零售商渠道便利水平投资的效益。

$$\gamma s_R^{MR,RT,MRT} = s_M^{MT} \Rightarrow s_R^{MR,RT,MRT} = \frac{s_M^{MT}}{\gamma} \Rightarrow \frac{\Psi}{2}s_R^{MR,RT,MRT\,2} = \frac{\Psi}{2\gamma^2}s_M^{MT\,2}$$

$$(6-32)$$

因此，相较于制造商，要实现同等规模的回收市场，零售商仅需要制造商渠道投资成本的 $\dfrac{1}{\gamma^2}$，经济性更强。

命题 6-3：渠道歧视和渠道偏好会（叠加）提高第三方回收商形成垄断回收市场的门槛，但并不影响第三方回收商参与回收竞争。渠道歧视和渠道偏好也会促使制造商和零售商进入第三方回收商已经形成垄断的回收市场中。

证明：

如果第三方回收要形成垄断，那么，

在 RT 双寡头竞争市场中：

$$s_T^{RT} > \gamma\theta s_R^{RT} \qquad (6-33)$$

在 MT 双寡头竞争市场中：

$$s_T^{MT} > \theta s_M^{MT} \qquad (6-34)$$

在 MRT 混合竞争市场中：

$$\frac{s_M^{MRT} - s_R^{MRT}}{s_T^{MRT} - s_M^{MRT}} < \frac{1 - \frac{1}{\gamma}}{\theta - 1} \text{ 且 } s_T^{MRT} > \gamma\theta s_R^{MRT} \Rightarrow s_T^{MRT} >$$

$$\max\left\{ s_M^{MRT} + \frac{(s_M^{MRT} - s_R^{MRT})(\theta - 1)}{1 - \frac{1}{\gamma}}, \gamma\theta s_R^{MRT} \right\} \qquad (6-35)$$

可以看出，如果第三方回收商要形成市场垄断，那么，消费者对于零售商的偏好和对于第三方回收商的歧视会反映到市场中。而且，当第三方回收商面对零售商竞争对手时，两种效应会叠加体现：$\gamma\theta$。但是，第三方回收商若要进入市场，则其渠道便利水平仅需高于渠道内最受偏好的主体，而且，基于渠道偏好赋予的市场特权，受偏好的渠道回收商的投资水平往往不太高。

另外，如果制造商或是零售商要打破第三方回收商的垄断而进入回收市场，相较之下，则会容易很多$\left(\frac{s_T^{MT}}{\theta} \text{和} \frac{s_T^{RT}}{\gamma\theta} \right)$。因此，渠道的特性带给第三方回收商更大的垄断难度，即使在第三方回收商最先进入而形成垄断的新兴市场，制造商和零售商都可以凭借更低的渠道投资实现垄断突围$\left(\frac{1}{\theta^2} \text{和} \frac{1}{\theta^2\gamma^2} \right)$。

6.3.2　混合回收竞争对回收效率和再利用效率的影响机理

命题 6-4：回收竞争会给各个回收商带来回收占比的降低，但竞争会明显刺激各个回收商的渠道便利水平决策的边际收益。

证明：

对于制造商：

$$\tau_M^M = s_M^M \Rightarrow \frac{\partial \tau_M^M}{\partial s_M^M} = 1 \qquad (6-36)$$

$$\tau_M^{MR} = \frac{\gamma}{\gamma-1} s_M^{MR} - \frac{\gamma}{\gamma-1} s_R^{MR} \Rightarrow \frac{\partial \tau_M^{MR}}{\partial s_M^{MR}} = \frac{\gamma}{\gamma-1} \qquad (6-37)$$

$$\tau_M^{MT} = \frac{\theta}{\theta-1} s_M^{MT} - \frac{\theta s_T^{MT}}{\theta-1} \Rightarrow \frac{\partial \tau_M^{MT}}{\partial s_M^{MT}} = \frac{\theta}{\theta-1} \qquad (6-38)$$

$$\tau_M^{MRT} = \frac{(\gamma\theta-1)}{(\theta-1)(\gamma-1)} s_M^{MRT} - \frac{\gamma}{(\gamma-1)} s_R^{MRT} - \frac{1}{(\theta-1)} s_T^{MRT} \Rightarrow \frac{\partial \tau_M^{MRT}}{\partial s_M^{MRT}} = \frac{(\gamma\theta-1)}{(\theta-1)(\gamma-1)}$$

因此，从回收总量的分配来说，回收主体越多，每个回收商回收量占总回收量的占比会下降，但这并不能说明某个回收商的回收绝对量会随着回收主体的增多而下降，这主要受到由 γ、θ 和不同业务决定的最被偏好的回收商的具体回收决策影响。另外，因为 $\left\{\dfrac{\gamma}{\gamma-1}, \dfrac{\theta}{\theta-1}\right\} > 1$、$\dfrac{(\gamma\theta-1)}{(\theta-1)(\gamma-1)} - \dfrac{\theta}{\theta-1} = \dfrac{1}{\gamma-1} > 0$，所以，可知回收率对回收渠道投资的敏感性会随着竞争加剧而提升，换句话说，越多竞争主体会使消费者对回收服务的提升越发敏感，

类似地，对于零售商：

$$\frac{\partial \tau_R^R}{\partial s_R^R} = \gamma, \frac{\partial \tau_R^{MR}}{\partial s_R^{MR}} = \frac{\gamma^2}{\gamma-1}, \frac{\partial \tau_R^{RT}}{\partial s_R^{RT}} = \frac{\gamma\theta}{\gamma\theta-1}, \frac{\partial \tau_M^{MRT}}{\partial s_R^{MRT}} = \frac{\gamma^2}{\gamma-1} \qquad (6-39)$$

对于第三方回收商：

$$\frac{\partial \tau_T^T}{\partial s_T^T} = \frac{1}{\theta}, \frac{\partial \tau_T^{MT}}{\partial s_T^{MT}} = \frac{1}{\theta-1}, \frac{\partial \tau_T^{RT}}{\partial s_T^{RT}} = \frac{\gamma}{\gamma\theta-1}, \frac{\partial \tau_T^{MRT}}{\partial s_T^{MRT}} = \frac{1}{\theta-1} \qquad (6-40)$$

由 $\dfrac{\gamma^2}{\gamma-1} > \dfrac{\gamma\theta}{\gamma\theta-1} > \gamma$ 且 $\dfrac{1}{\theta-1} > \dfrac{\gamma}{\gamma\theta-1} > \dfrac{1}{\theta}$ 可知，竞争带来的回收渠道投资边际效益递增的优点对于零售商和第三方回收商来说也适用。这意味着，三个回收商如果考虑提升一定的回收渠道便利水平 $s_R^{j,jj}$，那么，竞争市场会带来更多回收量。

命题 6-5：当消费者对第三方回收商的渠道歧视达到无穷大时，第三方回收商退出市场，垄断市场将会消失。当消费者对零售商的渠道偏好达到无穷大时，零售商垄断全部市场。

证明：

在混合竞争中，有：

$$\lim_{\gamma \to +\infty} \tau_M^{MRT} = \lim_{\gamma \to +\infty} \frac{(\gamma\theta - 1)\, s_M^{MRT} - \gamma\, (\theta - 1)\, s_R^{MRT} - (\gamma - 1)\, s_T^{MRT}}{(\theta - 1)(\gamma - 1)} = \frac{\theta}{\theta - 1}$$

$$s_M^{MRT} - s_R^{MRT} - \frac{1}{\theta - 1} s_T^{MRT} \tag{6-41}$$

$$\lim_{\gamma \to +\infty} \tau_R^{MRT} = \lim_{\gamma \to +\infty} \frac{\gamma^2 s_R^{MRT} - \gamma s_M^{MRT}}{\gamma - 1} = +\infty \tag{6-42}$$

$$\lim_{\gamma \to +\infty} \tau_T^{MRT} = \lim_{\gamma \to +\infty} \frac{s_T^{MRT} - s_M^{MRT}}{\theta - 1} = \frac{s_T^{MRT} - s_M^{MRT}}{\theta - 1} \tag{6-43}$$

其中，因为 $\tau_i^{MRT} \in (0, 1)$，所以，式（6-43）可得：

$$\lim_{\gamma \to +\infty} \tau_M^{MRT} = 0, \ \lim_{\gamma \to +\infty} \tau_R^{MRT} = 1, \ \lim_{\gamma \to +\infty} \tau_T^{MRT} = 0 \tag{6-44}$$

另外，根据重极限法则，可得：

$$\lim_{\substack{\gamma \to +\infty \\ \theta \to +\infty}} \tau_M^{MRT} = \lim_{\substack{\gamma \to +\infty \\ \theta \to +\infty}} \frac{(\gamma\theta - 1)\, s_M^{MRT} - \gamma\, (\theta - 1)\, s_R^{MRT} - (\gamma - 1)\, s_T^{MRT}}{(\theta - 1)(\gamma - 1)} = \lim_{\theta \to +\infty}$$

$$\frac{\theta}{\theta - 1} s_M^{MRT} - s_R^{MRT} - \frac{1}{\theta - 1} s_T^{MRT} = s_M^{MRT} - s_R^{MRT}$$

类似地，得出当 $\gamma \to +\infty$、$\theta \to +\infty$，以及 $\begin{cases} \gamma \to +\infty \\ \theta \to +\infty \end{cases}$ 时的各个回收商的回收函数。当 $\gamma \to +\infty$ 时，零售商在回收市场（无论竞争复杂度）上的所有竞争对手全部退出市场，同时，零售商获取全部市场的废弃产品（$\tau_R^{i,ii,iii} = 1$）。同时，当 $\theta \to +\infty$ 时，$\lim_{\theta \to +\infty} \tau_R^{RT} = \gamma s_R^{RT}$ 与 $\tau_R^R = \gamma s_R^R$ 的结构相同，$\lim_{\theta \to +\infty} \tau_R^{MT} = s_M^{MT}$ 与 $\tau_M^M = s_M^M$ 的结构相同；$\lim_{\theta \to +\infty} \tau_M^{MRT} = \frac{\gamma}{(\gamma - 1)} s_M^{MRT} - \frac{\gamma}{(\gamma - 1)} s_R^{MRT}$ 与 $\tau_R^{MR} = \frac{\gamma s_M^{MR} - \gamma s_R^{MR}}{\gamma - 1}$ 的结构相同，$\lim_{\theta \to +\infty} \tau_R^{MRT} = \frac{\gamma^2 s_R^{MRT} - \gamma s_M^{MRT}}{\gamma - 1}$ 与 $\tau_R^{MR} = \frac{\gamma^2 s_R^{MR} - \gamma s_M^{MR}}{\gamma - 1}$ 的结构相同。因此，第三方回收商等同于退出市场，此时，市场上原来的混合竞争将退化为制造商和零售商之间的竞争，原来的第三方回收商和零售商/制造商的竞争将退化为零售商/制造商垄断的模式，原来的第三方回收商垄断的回收市场将彻底消失。

命题 6-6：为了加入混合竞争模型，消费者对零售商渠道的偏好越大，制造商越应该加大投入；消费者对第三方回收商渠道的歧视越大，制造商越可以考虑减少投入；哪一方对制造商的影响更大，需要看偏好和歧视的相对大小，但更大概率上要看零售商的决策。

证明：

根据混合回收竞争的前提条件，制造商如果希望加入混合回收市场，则势必满足条件：

$$\frac{s_M^{MRT} - s_R^{MRT}}{s_T^{MRT} - s_M^{MRT}} > \frac{1 - \dfrac{1}{\gamma}}{\theta - 1} \Rightarrow s_M^{MRT} > \frac{\left(1 - \dfrac{1}{\gamma}\right)s_T^{MRT} + (\theta - 1)s_R^{MRT}}{\theta - \dfrac{1}{\gamma}} \quad (6-45)$$

令：

$$f(s_T^{MRT}, s_R^{MRT}) = \frac{\left(1 - \dfrac{1}{\gamma}\right)s_T^{MRT} + (\theta - 1)s_R^{MRT}}{\theta - \dfrac{1}{\gamma}} \quad (6-46)$$

则有：

$$\frac{\partial f(s_T^{MRT}, s_R^{MRT})}{\partial s_T^{MRT}} - \frac{\partial f(s_T^{MRT}, s_R^{MRT})}{\partial s_R^{MRT}} = \frac{\left(1 - \dfrac{1}{\gamma}\right)}{\theta - \dfrac{1}{\gamma}} - \frac{(\theta - 1)}{\theta - \dfrac{1}{\gamma}} \quad (6-47)$$

通过对式（6-47）正负性质的判断，得到零售商和第三方回收商对于制造商的影响分布情况。具体来说，在消费者对第三方回收商的渠道歧视并不太严重的情况下，即 $\theta \in (1, 2)$，第三方回收商的回收渠道便利水平投资决策能够对制造商产生更大的影响力；但除此以外，制造商会更重视零售商的投资决策，以实现加入混合回收竞争的目的。

6.3.3　基于混合回收竞争的循环供应链协调机制设计

循环供应链进行协调的目标是实现全要素的高效、顺畅循环，为了实现该目标，需要根据供应链上下游所有企业的资源禀赋和能力禀赋，合理分配相关业务，以保证供应链的各项业务都能以最高的效率开展。基于此，本章以6.3.2节中的各主体利润函数为基础，提出收益共享—成本共担合同、二部定价合同两种合同方式，在不同的竞争环境协调循环供应链各成员和各业务方式。在不考虑回收协调机制的初始情况下，其中：

制造商的利润函数：

$$\pi_M(\omega, s_\omega, s_M) = [\omega - (c - \delta(\tau_M + \tau_R))]d - \frac{\Psi}{2}s_M^{\ 2} - s_\omega\tau_R \quad (6-48)$$

零售商的利润函数：

$$\pi_R(p, s_R) = (p - \omega)d + s_\omega\tau_R - \frac{\Psi}{2}s_R^{\ 2} \quad (6-49)$$

第三方回收商的利润函数：

$$\pi_T(s_T) = k\tau_T - \frac{\Psi}{2}s_T^{\ 2} \quad (6-50)$$

在循环供应链中，为了避免资源浪费和重复投资的问题，循环供应链的核心企业（本章拟定为制造商）应该发挥各成员的技术优势、渠道优势和能力优势，合理分配废旧产品回收和再利用的业务流程，合理共享废旧产品回收再利用带来的经济利润，合理共担废旧产品回收再利用过程中的成本和风险，以提高循环供应链的运营效率和经济效益，实现全要素的顺畅循环。

（1）发挥零售商的渠道优势。

为提高循环供应链的整体回收效率，应该充分利用零售商的渠道优势开展废旧产品的回收业务。从建模角度来看，循环供应链核心企业应该让零售商承担废旧产品的回收工作、制定回收服务激励策略；同时，缺乏回收竞争使零售商回收的所有产品都将直接为零售商带来最大利润，而制造商会损失直接回收所带来的最优收益水平。因此，制造商势必要求零售商向制造商转移一定收益，保证制造商完全退出市场。

第一，若考虑采用收益共享—成本共担合同，假定该转移收益的比例为 ρ，即零售商将转移 $\rho\pi_R$ 给制造商，以保证制造商退出回收竞争市场，即 $\pi_M(\omega, s_\omega, s_M)$ 变为 $\pi_M(\omega, s_\omega)$，则可以得到相应的收益共享合同机制：

$$\begin{cases} \pi_M(\omega,s_M) = \left[\omega - (c - \delta(\tau_R))\right]d - s_\omega\tau_R + \rho\pi_R \\ \pi_R(p,s_R) = (1-\rho)\left[(p-\omega)d + s_\omega\tau_R - \dfrac{\Psi}{2}s_R^2\right] \end{cases} \quad (6-51)$$

确定 ρ 具体最优解的步骤：根据博弈顺序求解各主体的最优供应链策略；将该策略下的供应链收益水平和回收效率与集中决策情景下的对应最大值进行比较；令两种情况的值相同，求解得到 ρ^*。对于成本共担合同，可以理解为负向的收益共享合同，一般应用于某一方需要承担额外的成本，但该成本或投资会提高供应链整体收益的情况下，例如，制造商如果需要投入成本开发能实现更高再制造效益的再制造技术；制造商可以进一步要求零售商承担该技术的开发成本，但可以承诺减少零售商的利润转移。

第二，若考虑采用二部定价合同，假定该合同的组成为 $\{\overline{F}, f\}$，其中，$\overline{F}$ 为零售商需要向制造商直接转移的一笔固定利润，f 是零售商需要根据回收率水平向制造商转移的利润，则可以得到相应的合同机制：

$$\begin{cases} \pi_M(\omega,s_\omega) = \left[\omega - (c - \delta(\tau_R))\right]d - (s_\omega - f)\tau_R + \overline{F} \\ \pi_R(p,s_R) = (p-\omega)d + (s_\omega - f)\tau_R - \dfrac{\Psi}{2}s_R{}^2 - \overline{F} \end{cases} \quad (6-52)$$

与收益共享合同类似，确定 $\{\overline{F}, f\}$ 具体最优解的步骤是，通过构建合同机制，得到最优效益水平与集中决策下的最优效益水平的等式，求得最终的 $\{\overline{F}^*, f^*\}$。

通过收益共享—成本共担合同或者二部定价合同的协调，如果原先的竞争市场为制造商和零售商双寡头垄断的情景 M-R，那么，该市场将演化为零售商垄断情景 R；如果原为制造商、零售商和第三方回收商同时竞争的混合回收竞争情景 M-R-T，那么，该市场将演化为零售商和第三方回收商双寡头垄断的情景 R-T。此外，后文中求解供应链合同解析解 ρ^* 和 $\{\overline{F}^*, f^*\}$ 的思路与此处类似，故将不再赘述。

（2）发挥制造商的再制造技术优势。

制造商的再制造技术优势不仅体现在更加环保的绿色水平上，更体现在通过再利用具有更高附加价值的零部件而具备更高的经济效益上。

因此，无论是从提高循环供应链的整体绿色水平，还是从提高循环供应链的整体利润水平来看，都应允许制造商再制造所有供应链成员回收的废旧产品。需要制造商转移其获得的利润来说服零售商和第三方回收商，并让后者承诺放弃所有的再利用效益。零售商和制造商之间已经通过批发价合同（即双方利润函数中的部分）实现了零售商回收的产品由制造商进行再制造的目标，因此，要完全发挥制造商的再制造技术优势，仅需要说服第三方回收商放弃再循环业务。

类似地，首先，考虑采用收益共享—成本共担合同 ρ：

$$\begin{cases} \pi_M(\omega, s_\omega, s_M) = (1-\rho)\left[(\omega - (c - \delta(\tau_M + \tau_R + \tau_T)))d - \dfrac{\Psi}{2}s_M{}^2 - s_\omega\tau_R \right] \\[2mm] \pi_R(p, s_R) = (p - \omega)d + s_\omega\tau_R - \dfrac{\Psi}{2}s_R{}^2 \\[2mm] \pi_T(s_T) = \rho\pi_M - \dfrac{\Psi}{2}s_T{}^2 \end{cases}$$

$$(6-53)$$

其次，考虑采用二部定价合同 $\{\overline{F},\ f\}$：

$$\begin{cases} \pi_M(\omega, s_\omega, s_M) = \left[\omega - (c - \delta(\tau_M + \tau_R + \tau_T)) \right]d - \dfrac{\Psi}{2}s_M{}^2 - s_\omega\tau_R - F - f\tau_T \\[2mm] \pi_R(p, s_R) = (p - \omega)d + s_\omega\tau_R - \dfrac{\Psi}{2}s_R{}^2 \\[2mm] \pi_T(s_T) = F + f\tau_T - \dfrac{\Psi}{2}s_T{}^2 \end{cases}$$

$$(6-54)$$

（3）发挥第三方回收商的规模优势。

回收产品的质量不稳定会对制造商的再制造过程产生显著影响，同时，零售商主营业务在新产品销售上，因此，不会将精力过多投入不同质量水平废旧产品的分拣上，而第三方回收商因专注于废旧产品的回收再利用业务，具有专业优势和规模效益。另外，不同质量水平的废旧产品的再利用也可以分为再制造和再循环，其中，质量较好的废旧产品（假定占总回收率的 $\eta \in (0, 1)$）可以经由制造商进行再制造，而质量较差的废旧产品（占总回收率的 $1 - \eta$）经由第三方回收商进行再循环，实现梯度的、全覆盖的再利用。第三方回收商承担了所有分拣工作（假定分拣工作的单位成本为 κ),制造商获得再制造的全部收益,因此,需要考虑将部分利润从制造商转移到第三方回收商以实现稳定的业务分配模式。

类似地,首先,考虑采用收益共享—成本共担合同 ρ:

$$
\begin{cases}
\pi_M(\omega, s_\omega, s_M) = (1 - \rho)\left[(\omega - (c - \delta\eta(\tau_M + \tau_R + \tau_T)))d - \dfrac{\Psi}{2}s_M{}^2 - s_\omega\tau_R\right] \\[2mm]
\pi_R(p, s_R) = (p - \omega)d + s_\omega\tau_R - \dfrac{\Psi}{2}s_R{}^2 \\[2mm]
\pi_T(s_T) = \left[k(1 - \eta) - \kappa\right](\tau_M + \tau_R + \tau_T) - \dfrac{\Psi}{2}s_T{}^2 + \rho\pi_M
\end{cases}
$$

$$(6-55)$$

其次,考虑采用二部定价合同 $\{\overline{F}, f\}$:

$$
\begin{cases}
\pi_M(\omega, s_\omega, s_M) = \left[\omega - (c - \delta\eta(\tau_M + \tau_R + \tau_T))\right]d - \dfrac{\Psi}{2}s_M{}^2 - s_\omega\tau_R - F - f(\tau_M + \tau_R + \tau_T) \\[2mm]
\pi_R(p, s_R) = (p - \omega)d + s_\omega\tau_R - \dfrac{\Psi}{2}s_R{}^2 \\[2mm]
\pi_T(s_T) = \left[k(1 - \eta) - \kappa + f\right](\tau_M + \tau_R + \tau_T) - \dfrac{\Psi}{2}s_T{}^2 + F
\end{cases}
$$

$$(6-56)$$

6.4　本章小结

本章分析了在存在非完全理性消费者的市场中,供应链内外部(零售商、制造商和第三方回收商)的混合回收竞争博弈机制,提出了根据不同主体禀赋而设计的供应链合同,协调了循环供应链各主体及业务流程,减少了因过度混合竞争而导致的重复投资、资源浪费的问题。其中,第三方回收商决定其回收业务的便利水平,即渠道便利水平策略,吸引以便利水平优先的消费者回收产品;回收后的产品将通过再制造、再循环的形式进行再利用,不同方式具有不同的可持续水平;制造商、零售商和第三方回收商分别具有再制造技术禀赋、分销渠道禀赋和规模优势。研究发现:第一,在回收竞争模式下,回收市场的总规模是由最受消费者偏好的渠道——回收商的渠道便利水平决策决定的;第二,消费者对于零售商渠道的渠道偏好和对于第三方回收商渠道的渠道歧视，可以在鼓励第三方回收商参与回收竞争模式的同时（保证总回收率），尽量避免第三方回收商垄断市场（保证再制造率）；第三，回收竞争也有益于提高各个回收商渠道便利水平决策的边际收益，提高回收商的投资兴趣，但极限的渠道偏好或渠道歧视会带来垄断、竞争退化或者市场消失；第四，针对循环供应链各主体的技术和能力禀赋设计循环供应链合同机制，实现了各主体和各业务流程的有效协调，提高了循环供应链的整体运营效率、利润水平、绿色水平和全要素循环效率。

第7章　循环供应链信息共享

循环供应链信息共享不充分、不完全是供应链全要素无法实现有效、顺畅循环的重要影响因素，为制定合理、有效的循环供应链信息共享策略，企业面临不同于传统供应链的挑战和难题：首先，循环供应链的信息类型复杂，不仅有正向的新产品销售信息、需求信息，也有逆向的废旧产品回收信息，且不同类型信息之间相互作用；其次，各决策主体参与循环供应链，导致掌握信息的主体类型多样，带来信息的共享方式多样；最后，循环供应链信息的共享，要协同考虑经济效益、社会效益和环境效益，具有较复杂的管理机制。考虑到零售商和第三方回收商是循环供应链中与消费者直接且广泛接触的供应链主体，针对循环供应链企业面临的信息共享难题，本章分别从传统的零售商掌握并分享需求信息，以及制造商或第三方回收商掌握并分享信息视角出发，研究循环供应链的信息预测问题和信息共享策略问题。

7.1　概述

循环供应链的资源、能源、物流和信息的不同循环要素之间是相互作用和相互影响的，其中，信息共享及其循环承担了提高循环供应链管理效率和实现循环供应链有效控制的任务，而要实现顺畅的信息循环，就需要提高不同的具有需求信息的供应链主体共享信息的意愿。首先，需求信息不仅影响了新产品的制造和分销，也会对废旧产品的再利用产生影响。以再制造和再循环为代表的绿色废旧产品处理技术将废旧产品经妥善处理后融入新产品的组装、制造过程中，正向供应链和逆向供应链相结合的结果，会导致正向的需求信息对逆向的业务产生影响。其次，不同循环供应链共享信息，需要同时考虑正向业务和逆向业务带来的收益。

对于循环供应链来说，正向供应链和逆向供应链的需求波动会叠加影响企业决策，因信息共享不及时、不完备而导致的损失比一般供应链更大。同时，因涉及主体更多、业务流程更复杂，循环供应链的信息预测更困难，需要设计一系列机制来促进供应链各主体相互合作，提高信息预测的精度。本章拟研究正向需求信息的共享机制对于循环供应链各个主体最优策略的影响，填补相关领域的研究空白，为循环供应链上不同企业制定合理的信息共享策略提供决策支持，为政府推动废旧产品回收再利用的业务流程实现信息顺畅流动提供政策依据。

7.2　考虑回收信息共享的循环供应链协调问题描述和建模

7.2.1　问题描述

考虑由制造商、零售商和第三方回收商组成的供应链系统。制造商生产一种产品，既可以完全使用原材料进行生产，也可以使用回收产品进行生产。制造商通过零售商进行销售，而回收旧产品有四种回收模式，如图 7-1 所示：集中式回收（模型 C）、零售商负责回收（模型 R）、制造商负责回收（模型 M）和第三方回收商负责回收（模型 3P），其中，后三种为分散式回收模式。

令 c_m 表示制造商采用原材料生产新产品的单位成本，c_r 表示制造商采用回收旧产品进行生产的单位成本。p 表示零售商的零售价格，为零售商的决策变量。ω 表示制造商的批发价格，为制造商的决策变量。$D(p) = a - bp$ 表示产品的需求函数，其中，a 表示市场潜在需求，b 表示价格敏感系数。τ 表示回收的旧产品占需求的比例，为回收方的决策变量，且 $\tau \in [0, 1]$（Savaskan et al. , 2004）。该比例越高，说明制造商使用回收的旧产品进行再制造的产品越多。当 $\tau = 1$ 时，说明制造商全部采用回收旧产品进行生产以满足市场需要；当 $\tau = 0$ 时，说明制造商全部采用原材料生产以满足市场需要。$\overline{\omega}$ 表示制造商支付零售商或第三方回收商的单位价格。

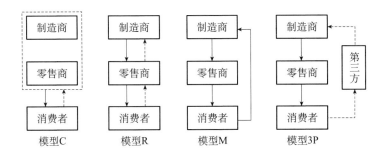

图 7 - 1 四种回收模式

资料来源：Savaskan R. C., Bhattacharya S., Van Wassenhove L. N. Closed-Loop Supply Chain Models with Product Remanufacturing [J]. Management Science, 2004, 50 (2): 239 - 252.

令 Π_i^j（i = R，M，3P，S；j = C，R，M，3P）表示 j 模型下 i 的利润函数，i = R，M，3P，S 分别表示零售商、制造商、第三方回收商和供应链，j = C，R，M，3P 分别表示集中式回收模型、零售商回收模型、制造商回收模型和第三方回收商回收模型。为区分无信息分享下的利润和有信息分享下的利润，Π_{iNI}^j 表示无信息分享下的利润，其中，NI 表示无信息分享，而 Π_{iIS}^j 表示有信息分享下的利润，其中，IS 表示信息分享。V_i^j 表示 j 模型下信息分享对 i 的价值。

假设市场潜在需求为随机变量，且 $a = a_0 + e$，其中，a_0 表示市场潜在需求的确定性部分，R 表示市场潜在需求的不确定性部分。随机变量 e 的期望为 0，方差为 v。假设零售商可以对市场潜在需求进行预测，面对不确定的需求，零售商对市场信息的预测有助于其进行决策。设其预测值为 f，且 $f = a + \varepsilon$（Li，2002）。其中，ε 表示误差项，且其期望为 0，方差为 s。随机变量 e 和随机变量 s 相互独立，可得：

$$E(a \mid f) = \frac{s}{v + s}a_0 + \frac{v}{v + s}f \triangleq A \qquad (7 - 1)$$

$$E((f - a_0)^2) = v + s \qquad (7 - 2)①$$

---

① 公式来自艾兴政，唐小我，马永开. 传统渠道与电子渠道预测信息分享的绩效研究 [J]. 管理科学学报，2008，11 (1)：12 - 21.

可以将 $t = \dfrac{v}{v+s}$ 作为市场信息预测精度的度量指标（Jain et al.，2011），显然，$t \in (0, 1)$，其值越大说明零售商的预测越准确，其值越小说明零售商的预测越不准确。考虑两种极端情形：当 $s \to 0$ 时，$t = 1$ 表示预测值与实际值相同，预测精度最高；当 $s \to \infty$ 时，$t = 0$ 表示预测值与实际值相差甚远，预测精度最低。

7.2.2　零售商共享回收信息

为建立零售商共享回收信息的模型，提出六个假设：第一，制造商生产 1 件新产品的单位成本大于使用回收的旧产品进行再制造的单位成本，即 $c_m > c_r$，这表示制造商进行再制造可以节约成本，是有利可图的，令 $\Delta = c_m - c_r$，假设 $\Delta > \varpi$ 表示制造商节约的单位成本大于其购买单位回收产品的价格；第二，制造商为渠道的领导者，零售商和第三方回收商为追随者；第三，假设市场潜在需求 a 为渠道双方的共同知识，除了零售商的预测信息 f 为其私有信息，其他信息均为制造商和零售商的共同知识；第四，τ 与第三方回收商的投资量相关，令 $\tau = \sqrt{I/k}$，其中，k 表示投资成本系数，I 表示投资成本，这表明，随着回收比例增加，回收投资成本将急剧增加，即过分追求高回收比例是不经济的（Savaskan and Van Wassenhove，2006）；第五，制造商按订单生产方式生产产品，这意味着，零售商和制造商均没有库存（Yue and Liu，2006）；第六，令回收方支付消费者的费用为 ζ_1，零售商的单位销售成本为 ζ_2，且均为常数。为不失一般性，设 $\zeta_1 = \zeta_2 = 0$。

（1）集中式回收。

在集中式回收模式下，制造商和零售商将以供应链利润最大化为目标进行零售定价和回收比例决策。此时，供应链将依据零售商的预测信息进行决策，其预期利润决策模型为：

$$\max_{p, \tau} E(\Pi_{SIS}^C \mid f) = E((p - c_m + \tau\Delta) \times (a - bp) - k\tau^2 \mid f) \quad (7-3)$$

求解得最优零售价格和最优回收比例分别为：

$$p^C = \frac{(2k - b\Delta^2)[(1-t)a_0 + tf] + 2bkc_m}{b(4k - b\Delta^2)} \quad (7-4)$$

$$\tau^C = \frac{\Delta[a_0 - t(a_0 - f) - bc_m]}{4k - b\Delta^2} \quad (7-5)$$

为使二阶条件大于 0，需 $4k - b\Delta^2 > 0$，即 $k > b\Delta^2/4$。这表示，进行回收的成本不是很低，与现实是相符合的（现实中进行回收往往花费大量成本）。后文假设 $k > b\Delta^2/4$ 成立，此条件总能使后文模型的二阶条件成立。基于期望值规则，得到供应链的无条件预期利润为：

$$E(\Pi_{SIS}^C) = \frac{k[tv + (a_0 - bc_m)^2]}{b(4k - b\Delta^2)} \qquad (7-6)$$

如果没有零售商的预测信息，那么，最优利润为 $\dfrac{k(a_0 - bc_m)^2}{b(4k - b\Delta^2)}$。因此，在集中式回收模式下零售商需求预测信息的价值为 $V_s^C = \dfrac{ktv}{b(4k - b\Delta^2)}$。由此可知，在集中回收模式下，零售商预测信息精度越高其信息的价值越高，使零售商有积极性进行更高精度的预测。

（2）零售商负责回收。

在此模式下，零售商负责销售并进行回收，然后，将回收品交付制造商进行再生产。决策顺序为制造商制定批发价格，然后，由零售商选择零售价格和回收比例。如果零售商的需求预测信息不和制造商分享，那么，零售商将根据市场信息及其预测信息进行决策，而制造商仅能根据市场信息进行决策。零售商的预期利润决策模型为：

$$\max_{p\pi} E(\Pi_{RNI}^R \mid f) = E((p - \omega + \overline{\omega}\tau)(a - bp) - k\tau^2 \mid f) \qquad (7-7)$$

零售商没有分享其预测信息，因此，制造商预期期望利润决策模型为：

$$\max_{\omega} E(\Pi_{MN}^R) = E(\omega - c_m + (\Delta - \overline{\omega})\tau)(a - bp)) \qquad (7-8)$$

类似地，若零售商的需求预测信息与制造商分享，制造商将根据市场信息及零售商的预测信息进行决策，此时，制造商预期利润决策模型为：

$$\max_{\omega} E(\Pi_{MIS}^R \mid f) = E([\omega - c_m + (\Delta - \overline{\omega})\tau](a - bp) \mid f) \qquad (7-9)$$

（3）制造商负责回收。

在此模式下，零售商负责销售，制造商负责回收并进行再制造。决策顺序为制造商制定批发价格，同时，确定回收比例，然后，由零售商选择零售价格。零售商的预期利润决策模型为：

$$\max_p E(\Pi_{RNI}^M \mid f) = E((p - \omega)(a - bp) \mid f) \qquad (7-10)$$

制造商预期利润决策模型为：

$$\max_{\omega\pi} E(\Pi_{MN}^M) = E((\omega - c_m + \tau\Delta)(a - bp) - k\tau^2) \tag{7-11}$$

若零售商将预测信息与制造商分享，零售商的决策模型仍然为式（7-8），制造商的决策模型为：

$$\max_{\omega\sigma} E(\Pi_{MIS}^M \mid f) = E((\omega - c_m + \tau\Delta)(a - bp) - k\tau^2 \mid f) \tag{7-12}$$

（4）第三方回收商负责回收。

在第三方回收商负责回收模式下，零售商负责销售，第三方回收商负责回收，制造商负责生产。决策顺序为：首先，由制造商确定批发价格；其次，由第三方回收商选择回收比例；最后，由零售商决策零售价格。在无信息分享下，制造商和第三方回收商仅能根据市场信息进行决策。零售商的预期利润决策模型为：

$$\max_{p} E(\Pi_{RNI}^{3P} \mid f) = E((p - \omega)(a - bp) \mid f) \tag{7-13}$$

第三方回收商和制造商的预期利润决策模型分别为：

$$\max_{\tau} E(\Pi_{3PNI}^{3P}) = E(\overline{\omega}\tau(a - bp) - k\tau^2) \tag{7-14}$$

$$\max_{\omega} E(\Pi_{MNI}^{3P}) = E((\omega - c_m + \tau\Delta)(a - bp)) \tag{7-15}$$

若零售商将预测信息与第三方回收商和制造商分享，此时，第三方回收商和制造商的预期利润决策模型分别为：

$$\max_{\tau} E(\Pi_{3PIS}^{3P} \mid f) = E(\overline{\omega}\tau(a - bp) - k\tau^2 \mid f) \tag{7-16}$$

$$\max_{\omega} E(\Pi_{MIS}^{3P} \mid f) = E((\omega - c_m + \tau\Delta)(a - bp) \mid f) \tag{7-17}$$

7.2.3　制造商或第三方回收商共享信息

（1）制造商与需求信息。

第一，当制造商没有需求预测信息时。

如果制造商无需求预测信息，那么，仅能根据市场需求信息进行决策，其期望利润函数为：

$$\max_{p,\pi} E(\Pi^v) = (p - c_m + \tau\Delta)(a_0 - bp) - k\tau^2 \tag{7-18}$$

得到最优的价格和回收比例分别为（以上标 N、I 分别表示无预测信息下的最优值和有预测信息下的最优值）：

$$p^N = \frac{a_0(2k - b\Delta^2) + 2bkc_m}{b(4k - b\Delta^2)} \tag{7-19}$$

$$\tau^{N} = \frac{\Delta(a_0 - bc)}{4k - b\Delta^2} \qquad (7-20)$$

当 $4k - b\Delta^2 > 0$ 时，二阶条件成立，这意味着，制造商回收旧产品的投入不是很低。将最优零售价格和最优回收比例代入利润函数，得制造商最优期望利润为：

$$E(\Pi^v) = \frac{k(a_0 - bc_m)^2}{b(4k - b\Delta^2)} \qquad (7-21)$$

第二，当制造商拥有需求预测信息时。

制造商可以根据需求预测信息进行决策，其期望利润函数为：

$$\max_{p,\tau} E(\Pi^I \mid f) = E((p - c_m + \tau\Delta)(a_0 - bp) - k\tau^2 \mid f) \qquad (7-22)$$

其最优的零售价格和回收比例分别为：

$$p^I = \frac{A(2k - b\Delta^2) + 2bkc_m}{b(4k - b\Delta^2)} \qquad (7-23)$$

$$\tau^I = \frac{\Delta(A - bc)}{4k - b\Delta^2} \qquad (7-24)$$

可求得最优期望利润为：

$$E(\Pi') = \frac{k(tv + (a_0 - bc_m)^2)}{b(4k - b\Delta^2)} \qquad (7-25)$$

第三，需求预测信息对制造商的价值。

比较制造商拥有需求预测信息和不拥有需求预测信息时的利润，得到需求预测信息对制造商的价值为：

$$V = E(\Pi^I) - E(\Pi^N) = \frac{ktv}{b(4k - b\Delta^2)} \qquad (7-26)$$

（2）第三方回收商与需求信息。

这部分考虑当存在一个制造商时，需求预测信息对回收再制造的价值。类似地，首先，考虑制造商无需求预测信息的情形；其次，研究制造商拥有需求预测信息的情形；最后，考察需求预测信息对第三方回收商的价值。为了区分起见，以 nm 表示新产品制造商，以 rm 表示第三方回收商。设零售价格分别为 p_{nm} 和 p_{rm}，假设需求函数分别为：

$$q_{nm}(p_{rm}p_{nm}) = \beta a - p_{nm} + \gamma(p_{rm} - p_{nm}) \qquad (7-27)$$

$$q_{rm}(p_{rm}p_{nm}) = (1 - \beta)a - p_{rm} + \gamma(p_{nm} - p_{rm}) \qquad (7-28)$$

其中，q_{nm} 和 q_{rm} 分别表示制造商和第三方回收商的需求函数，β 表示制造商的市场份额，如前所述，市场潜在需求 a 为随机变量，且 $a = a_0 + e$，其中，a_0 表示市场潜在需求的确定性部分，e 表示市场潜在需求的不确定性部分。随机变量 e 的期望为 0，方差为 v，γ 表示制造商之间价格竞争强度系数，且 $\gamma \in (0, 1)$。

第一，当第三方回收商没有需求信息时。

这种情形作为制造商拥有需求预测信息情形比较的基准。制造商生产一件新产品的成本 c_m 为常数，为不失一般性，设 $c_m = 0$，需要指出即使制造商生产一件新产品的成本 c_m 不为 0，也不会改变本章的结论，仅会增加数学处理上的复杂性。当第三方回收商无需求预测信息时，新产品制造商和第三方回收商的预期利润决策模型分别为：

$$\max_{p_{nm}} E(\Pi_{nm}^N) = E(p_{nm}(\beta a - p_{nm} + \gamma(p_{rm} - p_{nm}))) \quad (7-29)$$

$$\max_{p_{nm}, \tau_{nm}} E(\Pi_{nm}^N) = E((p + \tau\Delta)((1 - \beta)a - p_{rm} + \gamma(p_{nm} - p_{rm})) - k\tau^2)$$

$$(7-30)$$

联立方程求解得，新产品制造商的最优价格以及第三方回收商的最优价格和回收比例分别为：

$$p_{nm}^N = \frac{a_0(2k(2 + 2\gamma - \beta\gamma - 2\beta) - \Delta^2(1 + \gamma)(1 + \gamma - \beta))}{2k(2 + \gamma)(2 + 3\gamma) - \Delta^2(1 + \gamma)(\gamma^2 + 4\gamma + 2)} \quad (7-31)$$

$$p_{rm}^N = \frac{a_0(\gamma + \beta\gamma + 2\beta)(2k - \Delta^2(1 + \gamma))}{2k(2 + \gamma)(2 + 3\gamma) - \Delta^2(1 + \gamma)(\gamma^2 + 4\gamma + 2)} \quad (7-32)$$

$$\tau_{nm}^N = \frac{a_0\Delta (\gamma^2 (\beta + 1) + \gamma (3\beta + 1) + 2\beta)}{2k (2 + \gamma) (2 + 3\gamma) - \Delta^2 (1 + \gamma) (\gamma^2 + 4\gamma + 2)} \quad (7-33)$$

根据凹性检验，即 $4k - (1 + \gamma) \Delta^2 > 0$。与垄断制造商的解释类似，即第三方回收商进行回收再制造的投入不是很低。后文假设这一条件成立，这一条件也能保证后文所涉及利润函数的二阶条件成立。得到新产品制造商和第三方回收商的期望最优利润分别为：

$$E(\Pi_{nm}^v) = \frac{a_0^2 k (1 + \gamma)^2 (\gamma + 2\beta + \beta\gamma)^2 (4k - \Delta^2(1 + \gamma))}{[2k(2 + \gamma)(2 + 3\gamma) - \Delta^2(1 + \gamma)(\gamma^2 + 4\gamma + 2)]^2} \quad (7-34)$$

$$E(\Pi_{rm}^v) = \frac{a_0^2(1 + \gamma)[2k(2 + 2\gamma - \beta\gamma - 2\beta) - \Delta^2(1 + \gamma)(1 + \gamma - \beta)]^2}{[Rk(2 + \gamma)(2 + 3\gamma) - \Delta^2(1 + \gamma)(\gamma^2 + 4\gamma + 2)]^2}$$

$$(7-35)$$

第二，当第三方回收商拥有需求信息时。

第三方回收商可以同时利用市场信息和预测信息进行决策，而制造商仅能根据市场信息进行决策。第三方回收商的预期利润决策模型为：

$$\max_{p_m,\tau_{rm}} E(\Pi_{rm}^{I} \mid f) = E((p + \tau\Delta)((1-\beta)a - p_{rm} + \gamma(p_{nm} - p_{rm})) - k\tau^2 \mid f)$$

$$(7-36)$$

求解得制造商的最优价格以及第三方回收商的最优价格和回收比例分别为：

$$p_{nm}^{I} = \frac{a_0(2k(2-2\beta+2\gamma-\beta\gamma) - \Delta^2(1+\gamma)(1-\beta+\gamma))}{2k(2+\gamma)(2+3\gamma) - \Delta^2(1+\gamma)(\gamma^2+4\gamma+2)} \quad (7-37)$$

$$p_{rm}^{I} = \frac{(2k - \Delta^2(1+\gamma))(a_0\gamma(1-\beta) + 2\beta A(1+\gamma))}{2k(2+\gamma)(2+3\gamma) - \Delta^2(1+\gamma)(\gamma^2+4\gamma+2)} \quad (7-38)$$

$$\tau_{nm}^{I} = \frac{\Delta A(1+\gamma)(2\beta+\beta\gamma+\gamma)}{2k(2+\gamma)(2+3\gamma) - \Delta^2(1+\gamma)(\gamma^2+4\gamma+2)} \quad (7-39)$$

基于期望值规则，得新产品制造商和第三方回收商的：

$$E(\Pi_{rm}^{I}) = \frac{(1+\gamma)[a_0^2(\gamma+\beta\gamma+2\beta)(2\beta k(1+\gamma)+\gamma(1-\beta))(4k-\Delta^2(1+\gamma))+4k\beta^2 tvH_1]}{[2k(2+\gamma)(2+3\gamma) - \Delta^2(1+\gamma)(\gamma^2+4\gamma+2)]^2}$$

$$(7-40)$$

其中，$H_1 = 2k(\gamma^2+4\gamma+2) - \Delta^2(1+\gamma)(2\gamma+1)$。在此，需要区分预期（期望）利润和利润的差别，利润中含有市场潜在需求 a 和第三方回收商的潜在需求预测值 f，且 a 和 f 的期望值均为市场潜在需求的期望值 a_0，预期利润是决策者对 a 和 f 求期望后的期望利润，因此，预期利润与 a 和 f 无关。进一步地，再制造的潜在需求预测值会影响第三方回收商和制造商的利润，但不会影响其期望利润。本章的重点在于，研究预测信息对第三方回收商的价值，限于篇幅，第三方回收商的需求预测值对制造商利润的影响没有进行分析。

（3）需求预测信息共享。

第一，预测信息共享下的最优利润。

在此部分，考察第三方回收商将需求预测信息与制造商信息分享的情形，研究两者信息分享的可能性。如果第三方回收商与制造商信息分享，那么，两者都可以根据预测信息进行决策，决策模型分别为：

$$\max_{P_{nm}} E(\Pi_{nm}^{IS} \mid f) = E(p_{nm}(\beta a - p_{nm} + \gamma(p_{rm} - p_{nm})) \mid f) \quad (7-41)$$

$$\max_{P_{mm},\tau_{mm}} E(\Pi_{rm}^{IS} \mid f) = E((p + \tau\Delta)((1-\beta)a - p_{rm} + \gamma(p_{nm} - p_{rm})) - k\tau^2 \mid f)$$

$$(7-42)$$

求解得制造商的最优价格以及第三方回收商的最优价格和回收比例分别为：

$$p_{nm}^{IS} = \frac{A(2k(2+2\gamma-\beta\gamma-2\beta) - \Delta^2(1+\gamma)(1+\gamma-\beta))}{2k(2+\gamma)(2+3\gamma) - \Delta^2(1+\gamma)(\gamma^2+4\gamma+2)} \quad (7-43)$$

$$p_{rm}^{IS} = \frac{A(2\beta+\gamma+\beta\gamma)(2k-\Delta^2(1+\gamma))}{2k(2+\gamma)(2+3\gamma) - \Delta^2(1+\gamma)(\gamma^2+4\gamma+2)} \quad (7-44)$$

$$\tau_{nm}^{IS} = \frac{\Delta A(1+\gamma)(2\beta+\beta\gamma+\gamma)}{2k(2+\gamma)(2+3\gamma) - \Delta^2(1+\gamma)(\gamma^2+4\gamma+2)} \quad (7-45)$$

基于期望值规则，得制造商和第三方回收商的无条件预期利润分别为：

$$E(\Pi_{nm}^{IS}) = \frac{(1+\gamma)(a_0^2+tv)[2k(\beta\gamma-2+2\beta-2\gamma) + \Delta^2(\gamma+1-\beta)]^2}{[2k(2+\gamma)(2+3\gamma) - \Delta^2(1+\gamma)(\gamma^2+4\gamma+2)]^2}$$

$$(7-46)$$

$$E(\Pi_{rm}^{IS}) = \frac{k(1+\gamma)(a_0^2+tv)(4k-\Delta^2(1+\gamma))(\gamma+\beta\gamma+2\beta)^2}{[2k(2+\gamma)(2+3\gamma) - \Delta^2(1+\gamma)(\gamma^2+4\gamma+2)]^2}$$

$$(7-47)$$

比较分析两种情形下的第三方回收商的回收决策，可以发现，二者的大小关系取决于 A 与 a_0 的大小，而 $A - a_0 = (1-t)(f-a_0)$，意味着第三方回收商对产品市场需求的估计会对其回收决策产生影响，若第三方回收商认为市场潜在需求较高，则第三方回收商会回收较多旧产品，生产较多再制造产品以满足市场需求。反之，第三方回收商对市场预测较差，则会回收较少旧产品。

与第三方回收商无预测信息相比，预测信息分享对制造商和第三方回收商的价值分别为：

$$V_{nm}^{ISN} = E(\Pi_{nm}^{IS}) - E(\Pi_{nm}^{N})$$

$$= \frac{tv(1+\gamma)[2k(\beta\gamma-2+2\beta-2\gamma) + \Delta^2(1+\gamma)(1+\gamma-\beta)]^2}{[2k(2+\gamma)(2+3\gamma) - \Delta^2(1+\gamma)(\gamma^2+4\gamma+2)]^2} > 0$$

$$(7-48)$$

$$V_{rm}^{ISN} = E(\Pi_{rm}^{IS}) - E(\Pi_{rm}^{N})$$

$$= \frac{ktv(1+\gamma)(4k - \Delta^2(1+\gamma))(\gamma + \beta\gamma + 2\beta)^2}{[2k(2+\gamma)(2+3\gamma) - \Delta^2(1+\gamma)(\gamma^2 + 4\gamma + 2)]^2} > 0 \qquad (7-49)$$

第二，需求预测信息分享补偿机制。

由需求预测信息分享与第三方回收商有预测信息的比较可知，当第三方回收商预测精度较低时，第三方回收商有动机分享其预测信息，此时，是一种双赢局面。而当第三方回收商预测精度较高时，制造商在预测信息分享中获益，而预测信息的一方（第三方回收商）的预期利润反而减少。为了使双方出现双赢局面，这部分提出一个需求预测信息分享补偿机制。这一机制建立的目的在于，让第三方回收商有动机分享信息。在信息分享补偿机制下，信息分享对于双方的增值 $V^{ISi} = V_{nm}^{ISI} + V_{rm}^{ISI}$ 进行重新划分，继而使制造商和第三方回收商均增值。下面，将借助于讨价还价模型建立这一机制，设制造商和第三方回收商分得的利润分别为 ΔV_{nm} 和 ΔV_{rm}。效用函数分别为 $u_{nm} = (\Delta V_{nm})^{\lambda_{nm}}$ 和 $u_{rm} = (\Delta V_{rm})^{\lambda_{rm}}$，其中，$\lambda_{nm}$ 和 λ_{rm} 分别表示制造商和第三方回收商的风险规避程度，其值越大，风险偏好程度越大。纳什讨价还价模型为：

$$\begin{cases} \max\limits_{\Delta V_{nm} \Delta V_{rm}} u = u_{nm} u_{rm} = (\Delta V_{nm})^{\lambda_{nm}} (\Delta V_{rm})^{\lambda_{rm}} \\ \text{s. t. } \Delta V_{nm} + \Delta V_{rm} = V^{ISI}, \Delta V_{nm} > 0, \Delta V_{rm} > 0 \end{cases} \qquad (7-50)$$

该问题的解为 $\Delta V_{nm} = \dfrac{\lambda_{nm}}{\lambda_{nm} + \lambda_{rm}} V^{ISI}$ 和 $\Delta V_{rm} = \dfrac{\lambda_{rm}}{\lambda_{nm} + \lambda_{rm}} V^{ISI}$。这意味着，制造商和第三方回收商将可以分享由信息共享机制所增加的价值，其分享比例与其分享规避程度相关。于是，在信息分享补偿机制下，制造商和第三方回收商的预期利润分别为 $E(\Pi_{nm}^{IS}) - \Delta V_{rm}$ 和 $E(\Pi_{rm}^{IS}) + \Delta V_{rm}$。下面的命题将说明，在什么条件下双方利润均增值。

第三，需求信息对第三方回收商的价值。

在以上分析的基础上，分析第三方回收商预测信息对再制造业务的价值。很明显，需求预测信息对制造商的价值为 0，下面，分析需求预测信息对第三方回收商的价值。第三方回收商有需求预测信息与无需求预测信息两种情形下的预期利润作差，得：

$$V_{rm} = E(\Pi_{rm}^{I}) - E(\Pi_{rm}^{IN})$$

$$= \frac{(1+\gamma)\left[4k\beta^2 tvH_1 - \gamma a_0^2(1-\beta)(k-1)(\gamma+\beta\gamma+2\beta)(4k-\Delta^2(1+\gamma))\right]}{2k(2+\gamma)(2+3\gamma) - \Delta^2(1+\gamma)(\gamma^2+4\gamma+2)^2}$$

$$(7-51)$$

7.3　考虑回收信息共享的循环供应链协调问题求解和分析

7.3.1　基于零售商共享回收信息的不同回收模型对比分析

命题7-1：（1）在集中式回收模式下，信息分享使供应链预期利润增加；（2）在分散式回收模式下，信息分享使零售商的预期利润减少，制造商的预期利润增加；（3）在第三方回收商回收模式下，信息分享使第三方回收商预期利润增加；（4）在零售商回收模式和第三方回收商回收模式下，信息分享使供应链利润下降，然而，在制造商回收模式下，当 $k \in \left(\frac{b\Delta^2}{4}, \frac{(3+\sqrt{5})\ b\Delta^2}{8}\right)$ 时，信息分享使供应链利润增加。

在零售商单向信息分享情形下，分享信息会损害其预期利润，一个原因在于，当零售商分享其需求预测信息时，供应链的其他成员（制造商或第三方回收商）可以根据其分享的预测信息更好地进行决策；另一个原因在于，零售商在分散式决策中处于劣势地位，不能根据供应链其他成员的决策进行相应决策。如果零售商分享预测信息是无偿的，那么，零售商没有动机为供应链其他成员分享信息。而在集中式回收模式下，零售商有动机进行信息分享，原因在于，零售商预测信息有助于供应链更好地进行决策。在零售商和第三方回收商回收模式下，信息分享并没有使供应链利润增加。而在制造商回收模式下，信息分享使供应链利润增加。原因在于，在制造商回收模式下，制造商有更强的动力提高回收率（越大的回收率意味着制造商单位成本降低）。以上分析表明，零售商信息分享有助于制造商回收模式的实施。但是，零售商信息分享如果是无偿的，那么，零售商没有进行信息分享的动机，因此，制造商向零售商支付一定的信息分享费用是有必要的，其值至少等于零售商信息分享的损失。这样，在制造商负责回收模式下，零售商的信息分享使供应链双方利润都有所增加。

这部分的信息共享，共享什么信息？与前一节有区别吗？

命题 7–2：四种回收模式下期望回收比例的大小关系如下：

（1）当 $\dfrac{b\Delta^2}{4} < k < \dfrac{b\,\overline{\omega}\Delta^2}{8\,(\Delta-\overline{\omega})}$ 时，$E\,(\tau^C)>E\,(\tau^R)>E\,(\tau^M)>E\,(\tau^{3P})$；

（2）当 $k > \dfrac{b\,\overline{\omega}\Delta^2}{8\,(\Delta-\overline{\omega})}$ 时，$E\,(\tau^C)>E\,(\tau^M)>E\,(\tau^R)>E\,(\tau^{3P})$

该命题说明，当回收旧产品的投入较大时，相对于零售商回收模式，制造商回收模式下的回收率更高。同时，该命题指出，集中回收模式下回收率最高，原因在于，集中回收模式下决策完全协调。而第三方回收商回收模式下，回收率最低，原因在于第三方回收商加入供应链致使决策更难以协调。

推论 7–1：在零售商回收模式和制造商回收模式下，当 $2\Delta/3 < \overline{\omega} < \Delta$ 时，零售商回收模式下的回收率高于制造商回收模式下的回收率；当 $0 < \overline{\omega} < 2\Delta/3$ 时，制造商回收模式下的回收率高于零售商回收模式下的回收率。

该推论表明，只要零售商回收单位产品得到的收益大于 $2\Delta/3$，零售商回收模式可以回收更多旧产品，零售商回收模式下最优的回收比例随 $\overline{\omega}$ 的增加而增加。这意味着，制造商提高回收旧产品的价格有利于零售商更多地回收旧产品。对于制造商而言，回收旧产品价格的提高意味着进行再制造所节约单位成本的降低。

命题 7–3：不同模式下零售商和制造商的预期利润对比如下：

（1）无信息分享情形下 3 种分散式回收模式的零售商预期利润比较结果如下：

$$E(\Pi_{RNI}^{R}) > E(\Pi_{RNI}^{M}) > E(\Pi_{RNI}^{3P}) \ \text{或} \ E(\Pi_{RNI}^{M}) > E(\Pi_{RNI}^{R}) > E(\Pi_{RNI}^{3P})$$

$$(7-52)$$

（2）信息分享情形下，零售商预期利润大小关系为：

$$E(\Pi_{RIS}^{H}) > E(\Pi_{RIS}^{R}) > E(\Pi_{RIS}^{3P}) \tag{7-53}$$

（3）无信息分享情形下，3 种分散回收模式下制造商预期利润比较结果如下：

$$E(\Pi_{MNI}^{R}) > E(\Pi_{MNI}^{M}) > E(\Pi_{MNI}^{3P}) \ \text{或} \ E(\Pi_{MNI}^{M}) > E(\Pi_{MNI}^{R}) > E(\Pi_{MNI}^{3P})$$

$$(7-54)$$

（4）信息分享情形下 3 种分散式回收模式下制造商预期利润比较结果如下：

$$E(\Pi_{MNI}^R) > E(\Pi_{MNI}^M) > E(\Pi_{MNI}^{3P}) \ 或 \ E(\Pi_{MNI}^M) > E(\Pi_{MNI}^R) > E(\Pi_{MNI}^{3P})$$

$$(7-55)$$

在无信息分享下，若零售商预测精度较大，即（t > t₁（t₂））。这表明，只有零售商预测精度比较高，才能在零售商回收模式下获得更多利润（相对于制造商回收模式和第三方回收商回收模式而言）。如果零售商预测精度较小（t < t₁（t₂）），那么，零售商（制造商）在零售商（制造商）回收模式下预期利润相反。原因在于，过低的预测精度不利于零售商进行决策。在信息分享下，零售商总是偏好于制造商回收模式，而在第三方回收商回收模式下零售商预期利润最低。在信息分享下，若制造商获得回收品所支付的成本较高（$\overline{\omega} > \Delta/2$），制造商偏好于制造商回收模式；若支付的成本较低（$\overline{\omega} < \Delta/2$）则制造商偏好于零售商回收模式。以上分析说明，零售商预测信息精度的高低和回收产品支付成本的大小，会影响零售商和制造商对回收模式的偏好。

命题 7 - 4：对于零售商和制造商的博弈，制造商的策略空间为 {R，M，3P}，零售商的策略空间为 {NI，IS}，纯战略纳什均衡为 {R，NI} 或 {M，NI}。

该命题指出，对于零售商而言，无信息分享为零售商的占优策略。原因在于，是预测信息为零售商私有信息，该信息的泄露会损害零售商的收益。因此，当零售商无偿提供制造商的信息时，零售商总是不会分享私有信息。对于制造商而言，零售商信息预测精度影响了制造商对回收模式的选择。需要注意，该博弈存在两个纯战略纳什均衡，这意味着，存在一个混合战略纳什均衡。如果第三方回收商回收模式对于制造商而言是劣策略，那么，制造商选择 3P 策略的概率为 0。同时，信息分享对于零售商而言是劣策略，零售商选择 IS 策略的概率为 0。设制造商选择 R 的概率为 β，则选择 M 的概率为 1 - β。

命题 7 - 5：对于零售商和制造商的博弈，制造商的策略空间为 {R，M，3P}，零售商的策略空间为 {NI，IS}，混合战略纳什均衡为（（β*，1 - β*，0），（1，0））。

该命题指出，制造商有 β^* 的概率选择零售商回收，同时，有 $1 - \beta^*$ 的概率选择制造商回收。β^* 表达式的复杂性使难以对其进行分析，在算例分析中将分析单位节约成本对 β^* 的影响。

命题 7 – 6：设零售商和制造商风险规避程度相同，即 $\lambda_R = \lambda_M$，那么，当 $\dfrac{b\Delta^2}{4} < k < \left(\dfrac{11 + \sqrt{37}}{14}\right)\dfrac{b\Delta^2}{4}$ 时，信息分享补偿机制下零售商的预期利润和制造商的预期利润分别高于无信息分享情形下各自的预期利润。

由以上分析可知，零售商信息分享会损害其收益，这是由零售商无偿提供信息造成的。本部分旨在建立信息分享补偿机制，使零售商有动机进行信息分享。因为三种分散回收模式下，只有制造商回收模式下信息分享使供应链预期利润增加，所以，下面建立制造商回收模式下的信息分享补偿机制。

与无信息分享补偿机制相比，信息分享补偿机制下双方利润需满足两个条件：一是零售商预期利润增加，而且，大于无信息分享补偿机制下的预期利润；二是制造商的预期利润不小于无信息分享补偿机制下的预期利润。在无信息分享补偿机制下，制造商预期利润大大增加，而零售商预期利润减少。在信息分享补偿机制下，针对信息分享对供应链增值 V_S^N 进行重新划分，继而使零售商和制造商均增值。下面，将借助于讨价还价模型建立这一机制。设零售商和制造商分得的利润分别为 ΔV_R^M 和 ΔV_M^M。在此，ΔV_R^M 相当于制造商向零售商支付的信息分享费用。效用函数分别为 $u_R = (\Delta V_R^M)^{\lambda_R}$、$u_M = (\Delta V_M^M)^{\lambda_M}$，其中，$\lambda_R$ 和 λ_M 分别表示零售商和制造商的风险规避程度，其值越大风险偏好程度越大。于是，纳什讨价还价模型为：

$$\max_{\Delta V_R^M, \Delta V_M^M} u = u_R u_M = (\Delta V_M^M)^{\lambda_M}(\Delta V_R^M)^{\lambda_R}$$

$$\text{s. t.} \begin{cases} \Delta V_R^M + \Delta V_M^M = V_S^M \\ \Delta V_R^M > 0, \Delta V_M^M > 0 \end{cases} \qquad (7 - 56)$$

式（7 – 56）的解为：$\Delta V_R^M = \dfrac{\lambda_R}{\lambda_R + \lambda_M} V_S^M$ 且 $\Delta V_M^M = \dfrac{\lambda_M}{\lambda_R + \lambda_M} V_S^M$。

这意味着，零售商和制造商将共同分享信息分享所创造的价值，其分享比例与其分享规避程度相关。一旦 ΔV_R^M 和 ΔV_M^M 确定下来，那么，在信息分享补偿机制下，零售商和制造商的利润分别为 $E(\Pi_{RIS}^M) + \Delta V_R^M$ 和

$E\left(\Pi_{MIS}^{M}\right) - \Delta V_{R}^{M}$。

此命题说明，通过信息分享补偿机制可以增加零售商利润和制造商利润，进而零售商有动机进行信息分享。下面，考察信息分享补偿机制对回收模式和信息分享选择的影响。

命题 7－7：在信息分享补偿机制下，对于零售商和制造商博弈，纯战略纳什均衡为 {R，NI} 或 {M，IS}。

在信息分享补偿机制下，如果零售商信息预测精度比较高，那么，对于制造商而言零售商回收模式将是最佳选择。与无信息分享补偿机制下的均衡相比，信息分享补偿机制下需要更高的信息预测精度，但零售商没有动力分享预测信息。在一定条件下，如零售商预测信息精度比较低，制造商支付的回收品费用较小，且回收成本较高，{M，IS} 为纯战略纳什均衡。可以发现，当零售商预测信息精度较高时，信息分享补偿机制对均衡没有影响；而当零售商预测信息精度较低时，信息分享补偿机制会改变博弈的均衡。

预测精度较高时 k 对供应链利润的影响，见图 7－2。预测精度较低时 k 对供应链利润的影响，见图 7－3。

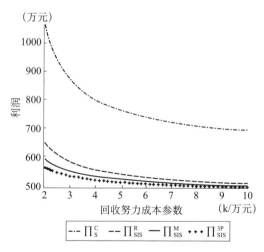

图 7－2　预测精度较高时 k 对供应链利润的影响

资料来源：笔者绘制。

观察 7－1：由图 7－2 和图 7－3 可以看出，无论零售商预测信息精度较高还是较低，集中回收模式下供应链利润都是最高的，第三方回收商回收模式下供应链利润均最低，而零售商回收模式和制造商回收模式下供应链利润居中。

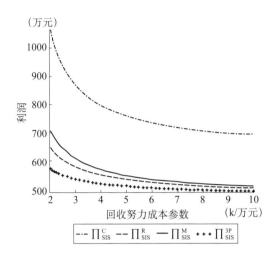

图 7 - 3　预测精度较低时 k 对供应链利润的影响

资料来源：笔者绘制。

观察 7 - 1 是由集中回收模式下制造商和零售商能够协同决策所致。值得注意的是，当零售商预测信息精度较高时，如 t = 0.7，零售商回收模式下的供应链利润高于制造商回收模式下的供应链利润；当零售商预测信息精度较低时，如 t = 0.4，零售商回收模式下的供应链利润低于制造商回收模式下的供应链利润。因此，当零售商预测精度高时，适合采用零售商回收模式；而当零售商预测精度低时，适合采用制造商回收模式。同时可以发现，一旦回收成本参数 k 比较大时，3 种分散式回收模式下供应链利润非常接近。这表明，当回收成本比较大时，无论采用何种回收模式对供应链影响均不大。

Δ 对三种分散式供应链利润的影响，见图 7 - 4。

观察 7 - 2：图 7 - 4 显示了单位节约成本对供应链利润的影响。单位节约成本越大，供应链利润越大。当单位节约成本较小时，零售商回收模式下供应链利润较高；而单位节约成本较高时，制造商回收模式下供应链利润较高。

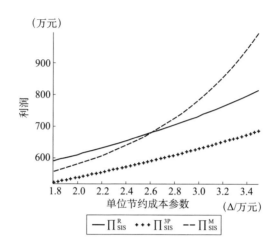

图 7 - 4 Δ 对三种分散式供应链利润的影响
资料来源：笔者绘制。

观察 7 - 2 表明，当回收旧产品更有利可图时，适合采用制造商回收模式；而当回收旧产品所节约的成本较低时，适合采用零售商回收模式。Δ对制造商回收模式选择的影响，见图 7 - 5。图 7 - 5 说明，当回收旧产品所节约成本越高，制造商采用制造商回收模式的可能性越大。

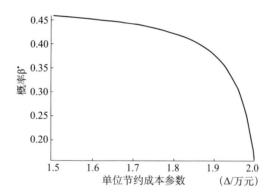

图 7 - 5 Δ 对制造商回收模式选择的影响
资料来源：笔者绘制。

7.3.2　基于制造商或第三方回收商共享回收信息的不同回收模型对比分析

命题 7 - 8：当 $4k - b\Delta^2 > 0$ 时，制造商进行需求信息预测时得到的利润总是大于不进行需求信息预测时所得到的利润，即需求信息预测对制造商的价值为正，且预测精度（t）越高，需求信息预测的价值越高。

设制造商进行需求信息预测的成本为 c_f，则当 $V > c_f$ 时，制造商进行需求信息预测对其是有利可图的，原因在于，额外的需求信息可以帮助制造商更好地进行决策。同时，制造商信息预测精度越高，预测信息对制造商的价值越高，这使制造商有足够的动力提高需求信息预测精度。需要指出，制造商的需求预测成本为常数，因而并不会改变本章的结论，为便于表述，将其预测成本设为 0，即 $c_f = 0$。

命题 7 - 9：当 $4k - (1 + \gamma) \Delta^2 > 0$ 时，预测精度越高，第三方回收商进行需求信息预测所得到的期望利润越多，而预测精度的高低不影响制造商的期望利润。

命题 7 - 9 表明，第三方回收商预测精度越高，其期望利润越高，这也使第三方回收商有动机进行更高精度的预测。同时，再制造预测精度的高低对制造商的预期利润没有影响，原因在于，制造商没有预测信息，而且，制造商和第三方回收商之间进行价格竞争，两个企业同时进行决策，第三方回收商进行需求预测对制造商的决策没有影响。

命题 7 - 10：（1）当 $t \geqslant t_1$ 时，第三方回收商进行需求信息预测是有利可图的；（2）当 $t < t_1$ 时，第三方回收商进行需求信息预测不会增加其利润。

命题 7 - 10 指出，只有第三方回收商预测精度大于某临界值，如 $t \geqslant t_1$，其中，$t_1 = \dfrac{\gamma a_0^2 (1 - \beta)(k - 1)(\gamma + \beta\gamma + 2\beta)(4k - \Delta^2 (1 + \gamma))}{4k\beta^2 v (2k (\gamma^2 + 4\gamma + 2) - \Delta^2 (1 + \gamma)(2\gamma + 1))}$。进行需求预测才能获得更多利润。而预测精度低于该临界值，不利于第三

方回收商进行决策。这表明，第三方回收商进行需求信息预测与否的关键在于其预测精度的高低，而并非所有的需求预测对再制造都有利可图。下面，分析第三方回收商市场潜在市场需求份额 β、投资成本系数 k 和价格竞争强度 γ 对第三方回收商预测信息价值和预测精度临界值的影响。

命题 7 – 11：（1）随着 β 的增大，第三方回收商进行需求信息预测的价值增大；（2）当（1 + γ）$\Delta^2/4 = k^* < k \leqslant k_1$ 时，随着 k 的增加，第三方回收商进行需求信息预测的价值增大；如果 $0 < k \leqslant 1$，那么，预测精度临界值随 β 的增大而减小；如果 $k > k_1$，那么，第三方回收商进行需求信息预测的价值随 k 的增加而减小；（3）如果 $k > 1$，那么，预测精度临界值随 β 的增大而增大。

该命题揭示了当第三方回收商潜在需求的市场份额越增加，第三方回收商进行需求预测越有利可图，原因在于市场份额的增大，意味着市场上对第三方回收商产品的需求增多，预测信息更有利于第三方回收商的决策。第三方回收的投资成本参数 k 的增大，表示第三方回收商选择更有力的回收方式，如加强回收宣传广告等。当第三方回收商回收再制造的投资参数比较小时，如 $k^* < k \leqslant k_1$，其中，$k_1 = \dfrac{\Delta^2 \left(\gamma^3 + 5\gamma^2 + 6\gamma + 2 \right)}{2 \left(\gamma^2 + 8\gamma + 4 \right)}$，随着投资参数增加，信息预测对再制造的价值增大；如果投资参数比较大，$k > k_1$，那么，第三方回收商选择投资成本较大的回收方式将无利可图。

当投资成本参数 $k > 1$ 时，第三方回收商潜在市场需求份额越大，则预测精度临界值越小，如果考虑一个特殊情形，当 $\beta \to 1$，即第三方回收商拥有全部市场，垄断制造商情形，那么，第三方回收商进行预测的条件为 $t > 0$，即预测总是好于不预测，这说明，第三方回收商拥有份额越大，预测越有利。而当 $k < 1$ 时，如果第三方回收商潜在市场需求份额越大，那么，预测精度临界值越大。以上分析表明，当预测精度不变时，第三方回收商拥有市场份额的大小影响了第三方回收商是否进行需求预测的决策。

命题 7 – 12：预测信息分享情形与第三方回收商无预测信息相比，预测信息分享对制造商和第三方回收商的价值均为正，第三方回收商有动机分享其需求预测信息给制造商，且价值的大小与第三方回收商预测信息精度的高低相关，精度越高双方价值越大。

此命题说明，若与第三方回收商无预测信息相比，第三方回收商分享其预测信息对双方均有利可图，而且，第三方回收商有动机提高其预测精度。

命题 7 – 13：预测信息分享情形与第三方回收商有预测信息相比，预测信息分享对制造商的价值为正。

该命题说明，预测信息分享对制造商而言总是有利可图的，原因在于获得额外的信息有助于制造商进行决策。然而，对于第三方回收商而言，信息分享并非总能获益。进一步而言，当第三方回收商预测精度较低时，预测信息分享对第三方回收商的价值非负。这表明，第三方回收商面对竞争对手（制造商），如果其预测精度较低，第三方回收商有动机将预测信息与制造商分享。预测精度较低的预测信息意味着预测值对决策的帮助不大，即使是竞争对手，第三方回收商将预测不准的信息与制造商分享不会降低其利润，反而会增加其利润。而当第三方回收商预测精度较高时，预测信息分享对第三方回收商的价值为负，第三方回收商没有动机将其预测信息与制造商分享。原因在于，较高精度的预测能够有效地辅助决策，如果将预测信息与制造商分享，那么，制造商将会利用预测信息对第三方回收商的收益造成损失。

观察 7 – 3：竞争强度和潜在需求市场份额对最优利润存在影响。

第一，说明 γ 对最优利润的影响，设 $a_0 = 10$，$k = 1.5$，$\Delta = 0.5$，$\beta = 0.6$，$\gamma \in (0, 1)$。将参数代入最优利润函数，γ 对制造商和第三方回收商最优利润的影响，见图 7 – 6。可以看出，对于任意的 γ 值第三方回收商的利润高于制造商的利润，这表明，第三方回收商进行回收再制造是有利可图的；同时，随着竞争强度的增加，第三方回收商利润均是减少的，而制造商利润变化不大。

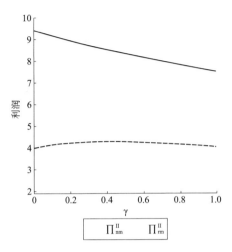

图 7 - 6　γ 对制造商和第三方回收商最优利润的影响

资料来源：笔者绘制。

观察 7 - 4：制造商和第三方回收商之间价格竞争强度对第三方回收商预测信息价值产生影响。

设 $a_0 = 10$，$k = 1.5$，$\Delta = 0.5$，$\beta = 0.6$，$t = 0.7$，$p = 1$，$\gamma \in (0，1)$，γ 对第三方回收商预测信息价值的影响，见图 7 - 7。图 7 - 7 说明，如果制造商与第三方回收商之间价格竞争强度越高，那么，第三方回收商需求信息预测带来的价值越小。

为了说明制造商和第三方回收商之间价格竞争强度对预测精度临界值的影响，设 $a_0 = 7$，$k = 1.5$，$\Delta = 0.5$，$\beta = 0.6$，$\gamma \in (0，1)$，γ 对预测精度临界值的影响，见图 7 - 8。此外，γ 对制造商和第三方回收商最优利润的影响，见图 7 - 9。表明价格竞争越激烈，第三方回收商的预测精度越高，才能在预测信息中获得更多收益。

下面，考察 β 对制造商和第三方回收商最优利润的影响，设 $a_0 = 10$，$k = 1.5$，$\Delta = 0.5$，$\gamma = 0.6$，$\beta \in (0，1)$。将参数代入最优的利润函数，β 对制造商和第三方回收商最优利润的影响，见图 7 - 10。图 7 - 10 说明，随着制造商潜在市场需求份额的增加，其利润是增加的，与此同时，第三方回收商利润是减少的，而当 $\beta \geqslant 0.48$ 时，两个企业的利润相等。

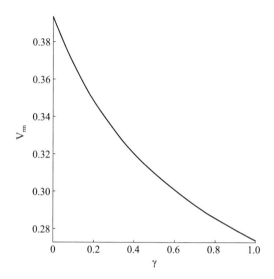

图 7 - 7　γ 对第三方回收商预测信息价值的影响

资料来源：笔者绘制。

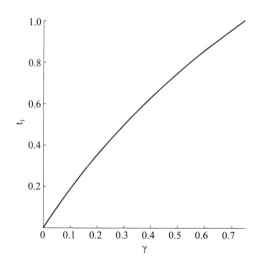

图 7 - 8　γ 对预测精度临界值的影响

资料来源：笔者绘制。

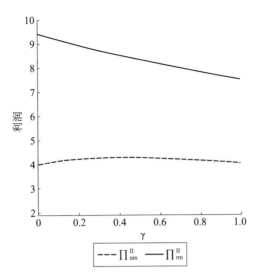

图7-9 γ对制造商和第三方回收商最优利润的影响

资料来源：笔者绘制。

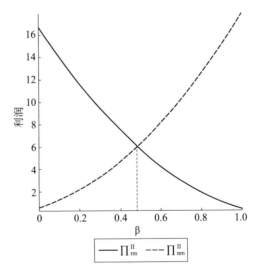

图7-10 β对制造商和第三方回收商最优利润的影响

资料来源：笔者绘制。

7.4 本章小结

　　本章主要研究了循环供应链下，信息预测和信息共享对于各供应链主体最优策略和最高利润的影响，探讨了不同信息共享机制的运营效率。首先，研究了零售商信息分享对循环供应链的影响，对比、分析了信息分享前后零售商利润、制造商利润和供应链利润的变化，并得到不同回收模式下零售商利润、制造商利润和供应链利润的大小关系，以及零售商的最优信息分享策略和制造商的最优回收模式策略，并设计了信息分享补偿机制，探讨了该机制对零售商信息分享模式和制造商回收模式选择的影响；其次，研究了制造商或第三方回收商需求信息分享对循环供应链的影响，分别在垄断第三方回收商和制造商与第三方回收商竞争的情景下，分析了需求预测信息对第三方回收商的价值，考察了制造商竞争对第三方回收商再制造策略的影响，并探讨了预测信息对再制造的影响，以及第三方回收商与制造商开展信息共享的可行性。

第8章 总结与展望

8.1 本书主要内容

当前，中国的制造业发展面临能耗高、污染大和资源利用效率低的问题，企业在其发展方式的绿色转型过程中也面临资源、能源、物流和信息循环不畅的问题，导致企业难以实现全要素的有效循环，不利于国家"双碳"目标和"双循环"发展战略的推进。循环供应链以实现全要素的有效循环为目标，获得政府政策的有力支持，依托再制造和信息通信等创新技术，受消费者现实需求的强势推动，成为减少环境污染和提高资源利用效率、能源利用效率的有效实践。基于循环供应链显著的经济效益、社会效益和环境效益，越来越多的供应链主体或是加入现有循环供应链网络中，或是构建新的循环供应链网络，供应链主体需要在众多潜在合作伙伴中做出决策以应对回收市场的竞争；同时，回收市场竞争也加速了回收市场中消费者关心的核心市场竞争要素的演进，在传统的回收激励机制之外，回收渠道的便利水平已经成为影响消费者返还意愿的核心竞争要素，供应链主体开始投资回收渠道以提升服务水平；此外，在回收废弃产品后，再制造和再循环等不同的废弃产品再利用方式，提高了不同产品的再利用效率和循环供应链绿色水平。这些由循环供应链新模式带来的新场景和新业态，为企业管理好循环供应链带来了挑战和难点。

本书以提高全要素循环水平为目标，对循环供应链内各个主体和各个流程之间的合作关系、竞争关系和协调关系进行了研究，旨在实现对循环供应链的有效管理与有效协调。首先，回顾前人在循环供应链回收渠道、废旧产品回收竞争、废旧产品不同再利用方式、供应链信息共享、供应链协调机制等领域的研究成果，发现原有理论在解释循环供应链新问题和提供决策支持方面的不足；其次，深入分析企业面临的现实难题并抽象提炼出可资科学研究的理论问题，建立数学模型进行理论研究，推导得到企业最优策略和最高利润水平，分析行业因素等外生变量对策略的影响机理，构建多主体协调机制以提高供应链运营效率，探讨循环供应链下网络构建、回收竞争、废旧产品再利用、供应链协调和信息共享问题；最后，梳理研究工作和研究成果，并为企业决策者和政府相关部门提供管理启示和政策建议。本书主要内容总结如下。

（1）相关研究综述。

回顾并评述前人在循环供应链回收渠道、废旧产品回收竞争、废旧产品不同再利用方式、供应链信息共享、供应链协调机制等领域的研究，概括了既有文献的主要研究方向，梳理了不同研究主体的主要演进路径，概述了不同研究方向的理论体系和前沿成果，并结合循环供应链下的新模式和新问题，分析了现有理论成果在解决企业面临的新问题时所遇到的困难，明确现有理论成果体系中的研究不足，并以此为突破口提出本书的主要理论贡献。

（2）主要研究内容：循环供应链网络构建。

针对循环供应链网络结构复杂、竞争合作关系多变的特点，为解决循环供应链核心企业构建供应链网络、选择合适供应链成员、构建供应链联盟的决策难题，开展循环供应链网络构建的研究。具体来说，在制造商、零售商和第三方回收商共存的回收市场中，研究制造商、零售商和第三方回收商在回收市场和销售市场中的复杂博弈关系，着重探讨制造商面临的三种产品回收网络构建策略，即拒绝回收、自行回收和将回收业务外包给零售商，明确了循环供应链中不同主体的最优定价决策，分析了制造商的网络构建策略对零售商、第三方回收商以及供应链整体效益的影响。

（3）主要研究内容：循环供应链回收竞争。

针对回收市场主体类型多元、竞争态势复杂和竞争压力较大的特点，为解决循环供应链企业制定合理回收服务策略以应对回收竞争的决策难题，开展循环供应链回收竞争的研究。具体来说，从逆向供应链不同渠道的特征出发，提出基于渠道便利水平的消费者效用函数，以研究制造商和第三方回收商组成的循环供应链下的回收竞争市场结构和渠道便利水平的影响机制，以明确不同垄断和竞争情形下制造商和第三方回收商的最优决策和供应链整体效益，发现不同竞争强度的回收市场对消费者的影响，以及回收市场的竞争强度对于制造商降低新产品价格意愿的影响。

（4）主要研究内容：循环供应链废旧产品回收再利用。

针对废旧产品回收再利用不同技术的特点、优势和劣势，为解决循环供应链企业选择合理回收再利用技术处理废旧产品的决策难题，开展循环供应链废旧产品再利用的研究。具体来说，在考虑不同的废旧产品再利用技术背景下，构建由供应链主体运营能力决定的"选择再制造的制造商"和"选择再循环的零售商"之间回收竞争模式的分析框架，探讨考虑回收渠道便利性的消费者行为对于回收竞争市场和供应链主体决策的影响，以及对供应链整体绿色效益和回收效率的影响。此外，比较、分析了分散决策和供应链联盟集中决策之间的回收效率，通过两种协调机制（二部定价合同和授权机制）协调供应链，提高了分散决策情况下的供应链整体绩效，并提出了不同机制的适用场景。

（5）主要研究内容：循环供应链协调。

针对循环供应链主体众多、业务流程繁杂和多主体协同困难的特点，为解决循环供应链核心企业协调供应链上下游企业、设计合理的供应链协调机制的难题，开展循环供应链协调的研究。具体来说，在混合竞争模型基础上，基于协调循环供应链不同主体和负责流程的视角，研究混合回收竞争、不同再利用技术和消费者效用对供应链主体和供应链整体效益的影响，对比分析垄断市场、双寡头市场和混合竞争回收市场下的回收商回收效率，明确了不同回收模式下不同主体的渠道投资决策和定价决策，以及零售商在不同再利用方式下的最优决策，设计不同的协调机制。

（6）主要研究内容：循环供应链信息共享。

针对循环供应链需求信息预测难、信息类型多样的特点，为解决循环供应链主体信息共享意愿不高的难题，开展循环供应链信息共享的研究。具体来说，本章主要研究了循环供应链下，信息预测和信息共享对于各供应链主体最优策略、最高利润的影响，探讨了不同信息共享机制的运营效率。首先，研究了零售商信息分享对循环供应链的影响，对比分析了信息分享前后零售商利润、制造商利润和供应链利润的变化，探讨了不同回收模式下零售商利润、制造商利润和供应链利润的大小关系；其次，研究了制造商或第三方回收商需求信息分享对循环供应链的影响，分别在垄断第三方回收商和制造商与第三方回收商竞争的情景下，分析了需求预测信息对第三方回收商的价值，考察了制造商竞争对第三方回收商再制造策略的影响，对信息共享机制进行了可行性研究。

8.2　未来研究方向

本书的研究成果为企业构建循环供应链体系、提高废旧产品回收效率、提高资源和能源的再利用水平，以及提高社会效益、经济效益和环境效益提供了决策支持；并为政府制定相关行业规范和法律法规提供了政策依据。但在智能制造、信息通信和大规模计算等技术不断突破的当下，技术创新会带来社会环境和经济环境的进一步改变，影响消费者的现实需求，由此带来一系列新的商业模式。这些新模式和新业态也需要循环供应链的研究工作与时俱进、不断创新，这是本人研究工作在未来值得进一步拓展的地方。具体来说，需要考虑信息技术、再制造技术和回收技术对于循环供应链研究带来的挑战，主要包括以下三方面内容。

（1）新技术带来的信息共享问题。

在一个完全竞争的市场内，企业对于信息共享的需求会逐渐提高，新技术的出现为信息分享问题的研究方向提出了新的思路。近些年以区块链、元宇宙为代表的新一代数据信息处理技术、存储技术、加密技术、共享技术和体验技术不断发展，这为信息共享的广度、深度、可信度和安全性提供了新的可能，在传统信息对称的背景下，信息的真实性也能得到很好的保证，同时，能保证信息完备度。在信息技术创新驱动信息共享水平不断提高的背景下，制造商和原先与制造商之间没有业务往来的第三方回收商之间的合作出现了很大空间，未来的研究可以基于不同的信息技术在供应链中的运作模式，在循环供应链回收竞争和信息共享的研究领域内继续深入制造商和第三方回收商的竞争合作模型分析。

（2）回收不确定问题和回收分拣问题。

当下，受限于产品模块化设计水平、产品拆卸工艺和技术，以及相关的业务协调能力和业务融合能力，制造企业的再制造工艺的发展并不能实现产品内部所有零部件的妥善处理，难以充分实现循环供应链的资源和能源循环目标。但是，随着技术和管理的发展，未来产品再制造水平会不断提高、产品设计环节的模块化设计水平不断提高，这就要求企业对于具有不同剩余价值的废弃产品（即回收质量不确定）进行处理，主要包括回收分拣、回收产品容错率、不同回收产品处理成本、随机的回收质量和产品质量等问题，以及类似越库作业的不同企业间相互处理对方产品的再制造合作模式。再制造技术的不断发展，可以继续提高企业从再制造环节获得的经济效益，并能显著降低企业开展回收再利用业务的难度，会吸引更多供应链主体加入循环供应链中，因而大规模、复杂问题的研究具有很强的现实驱动力。

（3）自助式回收服务的影响。

得益于产品检测技术、产品模块化设计和产品回收技术的发展，市场出现第三方回收商开展的自助产品检测服务、估价服务和回收服务，大幅降低了第三方回收商的回收门槛，也能在一定程度上降低消费者对于第三方回收商的渠道歧视。此外，自助服务仍然不能完全媲美零售商线下店的人工服务，但其低廉的成本仍然会对零售商造成威胁，零售商需要慎重评估第三方回收商自助回收的影响力。因此，自助回收服务会极大地威胁制造商与零售商的回收市场业务，制造商与零售商所代表的传统正向网链企业的回收决策会发生改变。另外，第三方回收商开展的自助服务的技术壁垒其实并不高，如果制造商和零售商同时引入类似服务，那么，第三方回收商的竞争优势会降低。这些问题的研究，可以推动循环供应链服务能力和便利水平研究方向的深入，可为企业提供更高水平的产品和服务提出建议。

参考文献

［1］艾兴政，唐小我，马永开．传统渠道与电子渠道预测信息分享的绩效研究［J］．管理科学学报，2008，11（1）：12－21.

［2］曹开颖，张壮壮，徐兵．在碳交易机制下再制造授权选择以及信息披露研究［J］．管理工程学报，2022，36（6）：168－181.

［3］陈军，田大钢．闭环供应链模型下的产品回收模式选择［J］．中国管理科学，2017，25（1）：10.

［4］但斌，丁雪峰．再制造品最优定价及市场挤兑与市场增长效应分析［J］．系统工程理论与实践，2010（8）：1371－1379.

［5］冯·诺伊曼．博弈论与经济行为［M］．北京：北京大学出版社，2018.

［6］高攀，王旭，景熠，等．零售商从事产品翻新的闭环供应链差异定价策略［J］．计算机集成制造系统，2014，20（11）：2869－2881.

［7］刘珊，陈东彦．考虑 CSR 投入闭环供应链的制造商回收伙伴选择及协调［J］．管理工程学报，2021，35（6）：163－175.

［8］刘珊，姚锋敏，陈东彦，等．回收竞争下考虑 CSR 行为的闭环供应链定价决策及协调［J］．中国管理科学，2022，30（4）：205－217.

［9］迈克尔·所罗门．消费者行为学［M］．北京：中国人民大学出版社，2018.

［10］孟丽君，黄祖庆，张宝友，等．闭环供应链再制品消费补贴政策模型分析［J］．中国管理科学，2021，29（8）：148－160.

［11］聂佳佳，蔡仁雷．信息分享对企业社会责任承担的影响［J］．工业工程，2018，21（3）：11－20.

［12］聂佳佳．需求信息预测对制造商回收再制造策略的价值［J］．管理科学学报，2014，17（1）：35－47.

［13］乔治·贝尔奇，迈克尔·贝尔奇．广告与促销：整合营销传播视角（第 11 版）［M］．北京：中国人民大学出版社，2019．

［14］秦晓彤，牟宗玉，储涛，等．网购偏好和零售服务影响闭环供应链的销售及回收策略研究［J］．中国管理科学，2024，32（1）：187 - 199．

［15］申悦，于瑞峰，吴甦，等．零售商 Bertrand 竞争下的供应链成本信息共享价值［J］．清华大学学报（自然科学版），2005，45（11）：1581 - 1584．

［16］唐娟，李帮义，龚本刚，等．考虑企业社会责任的零售商回收型闭环供应链决策与协调研究［J］．中国管理科学，2023，31（11）：228 - 237．

［17］陶文源，寇纪淞，李敏强．信息共享对供应链的影响［J］．系统工程学报，2002，17（6）：486 - 490．

［18］王长琼．循环供应链［M］．北京：中国物资出版社，2008．

［19］王竟竟，许民利，邓亚玲．信息不对称下闭环供应链定价及协调契约［J］．系统工程学报，2022，37（5）：617 - 631．

［20］王桐远，王增强，李延来．规模不经济下零售商信息分享模式对双渠道闭环供应链影响［J］．管理工程学报，2021，35（3）：195 - 207．

［21］王玉燕，苏梅，王晓迪．政府奖励机制下闭环供应链的利他关切性决策［J］．中国管理科学，2022，30（11）：105 - 116．

［22］张福安，李娜，达庆利，等．基于两种补贴政策的多元需求闭环供应链低碳减排研究［J］．中国管理科学，2023，31（10）：116 - 127．

［23］张金泉，温素彬，吕欣，等．低碳经济下闭环供应链的三方博弈分析［J］．工业工程与管理，2023，28（4）：60 - 69．

［24］张令荣，刘笑言，王锋，等．碳配额交易政策下闭环供应链谎报决策与协调研究［J］．管理工程学报，2023，37（4）：196 - 205．

［25］张盼，熊中楷．制造商回收成本信息不对称下零售商激励合同设计［J］．管理工程学报，2019，33（4）：144 - 150．

［26］朱庆华．绿色供应链治理与价值创造［M］．北京：机械工业出版社，2021．

［27］Abbey J. D．，Kleber R．，Souza G. C．，et al. The Role of Perceived Quality Risk in Pricing Remanufactured Products［J］．Production and Operations Management, 2017, 26 (1): 100 – 115.

[28] Abbey J. D. , Meloy M. G. , Guide Jr V. D. R. , et al. Remanufactured Products in Closed-loop Supply Chains for Consumer Goods [J]. Production and Operations Management, 2015, 24 (3): 488 – 503.

[29] Abdulla H. , Abbey J. D. , Ketzenberg M. How Consumers Value Retailer's Return Policy Leniency Levers: An Empirical Investigation [J]. Production and Operations Management, 2022, 31 (4): 1719 – 1733.

[30] Agrawal V. V. , Atasu A. , Van Ittersum K. Remanufacturing, Third-Party Competition, and Consumers' Perceived Value of New Products [J]. Management Science, 2015, 61 (1): 60 – 72.

[31] Agrawal V. V. , Atasu A. , Van Wassenhovec L. N. New Opportunities for Operations Management Research in Sustainability [J]. Manufacturing & Service Operations Management, 2019, 21 (1): 1 – 12.

[32] Arora A. , Fosfuri A. , Rønde T. Managing Licensing in a Market for Technology [J]. Management Science, 2013, 59 (5): 1092 – 1106.

[33] Atasu A. , Guide V. D. R. , Van Wassenhove L. N. Product Reuse Economics in Closed-Loop Supply Chain Research [J]. Production and Operations Management, 2008, 17 (5): 483 – 496.

[34] Atasu A. , Ozdemir O. , Van Wassenhove L. N. Stakeholder Perspectives on E-Waste Take-Back Legislation [J]. Production and Operations Management, 2013, 22 (2): 382 – 396.

[35] Atasu A. , Souza G. C. How Does Product Recovery Affect Quality Choice? [J]. Production and Operations Management, 2013, 22 (4): 991 – 1010.

[36] Atasu A. , Subramanian R. Extended Producer Responsibility for Ewaste: Individual or Collective Producer Responsibility? [J]. Production and Operations Management, 2012, 21 (6): 1042 – 1059.

[37] Atasu A. , Toktay L. B. , Van Wassenhove L. N. How Collection Cost Structure Drives a Manufacturer's Reverse Channel Choice [J]. Production and Operations Management, 2013, 22 (5): 1089 – 1102.

[38] Bai J. , Hu S. , Gui L. , et al. Optimal Subsidy Schemes and Budg-

et Allocations for Government-Subsidized Trade-in Programs [J]. Production and Operations Management, 2021, 30 (8): 2689 – 2706.

[39] Batarti R., Jaber M. Y., Aijazzar S. M. A Profit Maximization for a Reverse Logistics Dual-Channel Supply Chain with a Return Policy [J]. Computers & Industrial Engineering, 2017, 106: 58 – 82.

[40] Bhattacharya S., Guide V. D. R., Van Wassenhove L N. Optimal Order Quantities with Remanufacturing across New Product Generations [J]. Production and Operations Management, 2006, 15 (3): 421 – 431.

[41] Bulow J. I. Durable-Goods Monopolists [J]. Journal of Political Economy, 1982, 90 (2): 314 – 332.

[42] Buurman J. Supply Chain Logistics Management [M]. McGraw-Hill, 2002.

[43] Cachon G. P. Supply Chain Coordination with Contracts [J]. Handbooks in Operations Research and Management Science, 2003, 11: 227 – 339.

[44] Calmon A. P., Graves S. C., Lemmens S. Warranty Matching in a Consumer Electronics Closed-Loop Supply Chain [J]. Manufacturing & Service Operations Management, 2021, 23 (5): 1314 – 1331.

[45] Calmon A. P., Graves S. C. Inventory Management in a Consumer Electronics Closed-Loop Supply Chain [J]. Manufacturing & Service Operations Management, 2017, 19 (4): 568 – 585.

[46] Cao K., Choi T. Optimal Trade-in Return Policies: Is It Wise to Be Generous? [J]. Production and Operations Management, 2022, 31 (3): 1309 – 1331.

[47] Chan F. T. S, Li N., Chung S. H., et al. Management of Sustainable Manufacturing Systems-a Review on Mathematical Problems [J]. International Journal of Production Research, 2017, 55 (4): 1210 – 1225.

[48] Chang L., Ouzrout Y., Nongaillard A., et al. Multi-Criteria Decision Making Based on Trust and Reputation in Supply Chain [J]. International Journal of Production Economics, 2014, 147: 362 – 372.

[49] Chen C., Monahan G. E. Environmental Safety Stock: The Impacts of Regulatory and Voluntary Control Policies on Production Planning, Inventory

Control, and Environmental Performance [J]. European Journal of Operational Research, 2010, 207 (3): 1280 – 1292.

[50] Chen C-K, Akmalul'Ulya M. Analyses of the Reward-Penalty Mechanism in Green Closed-Loop Supply Chains with Product Remanufacturing [J]. International Journal of Production Economics, 2019, 210: 211 – 223.

[51] Chen S. , Pan Y. , Wu D. , et al. In-House Versus Outsourcing Collection in A Closed-Loop Supply Chain with Remanufacturing Technology Development [J]. International Journal of Production Research, 2023, 61 (6): 1720 – 1735.

[52] Chiang W. K. , Chhajed D. , Hess J. D. Direct Marketing, Indirect Profits: A Strategic Analysis of Dual-Channel Supply-Chain Design [J]. Management Science, 2003, 49 (1): 1 – 20.

[53] Choi T-M, Li Y. , Xu L. Channel Leadership, Performance and Co-ordination in Closed Loop Supply Chains [J]. International Journal of Production Economics, 2013, 146 (1): 371 – 380.

[54] Chu X. , Zhong Q. , Li X. Reverse Channel Selection Decisions with a Joint Third-Party Recycler [J]. International Journal of Production Research, 2018, 56 (18): 5969 – 5981.

[55] Corbett C. J. , Tang C. S. Designing Supply Contracts: Contract Type and Information Asymmetry [J]. Quantitative Models for Supply Chain Management, 1999: 269 – 297.

[56] Cuc S. , Vidovic M. Environmental Sustainability through Clothing Recycling [J]. Operations and Supply Chain Management: An International Journal, 2014, 4 (2): 108 – 115.

[57] De Giovanni P. , Zaccour G. A Two-Period Game of a Closed-Loop Supply Chain [J]. European Journal of Operational Research, 2014, 232 (1): 22 – 40.

[58] De Giovanni P. A Joint Maximization Incentive in Closed-Loop Supply Chains with Competing Retailers: The Case of Spent-Battery Recycling [J]. European Journal of Operational Research, 2018, 268 (1): 128 – 147.

[59] Debo L. G. , Toktay L. B. , Van Wassenhove L N. Market Segmentation and Product Technology Selection for Remanufacturable Products [J]. Management Science, 2005, 51 (8): 1193 – 1205.

[60] Denizel M. , Schumm C. Z. Closed Loop Supply Chains in Apparel: Current State and Future Directions [J]. Journal of Operations Management, 2024, 70 (2): 190 – 223.

[61] Diaz R. , Marsillac E. Evaluating Strategic Remanufacturing Supply Chain Decisions [J]. International Journal of Production Research, 2017, 55 (9): 2522 – 2539.

[62] Dimitri P. Bertsekas. 凸优化 [M]. 北京: 清华大学出版社, 2015.

[63] Domina T. , Koch K. Convenience and Frequency of Recycling: Implications for Including Textiles in Curbside Recycling Programs [J]. Environment and Behavior, 2002, 34 (2): 216 – 238.

[64] Esenduran G. , Kemahlioglu-Ziya E. , Swaminathan J. M. Take-Back Legislation: Consequences for Remanufacturing and Environment [J]. Decision Sciences, 2016, 47 (2): 219 – 256.

[65] Farooque M. , Zhang A. , Thürer M, et al. Circular Supply Chain Management: A Definition and Structured Literature Review [J]. Journal of Cleaner Production, 2019, 228: 882 – 900.

[66] Feng L. , Govindan K. , Li C. Strategic Planning: Design and Coordination for Dual-Recycling Channel Reverse Supply Chain Considering Consumer Behavior [J]. European Journal of Operational Research, 2017, 260 (2): 601 – 612.

[67] Feng L. , Zheng X. , Govindan K. , et al. Does the Presence of Secondary Market Platform Really Hurt the Firm? [J]. International Journal of Production Economics, 2019, 213: 55 – 68.

[68] Ferguson M. E. , Toktay L. B. The Effect of Competition on Recovery Strategies [J]. Production and Operations Management, 2006, 15 (3): 351 – 368.

[69] Ferguson M. , Guide V. D. R. , Souza G. C. Supply Chain Coordina-

tion for False Failure Returns [J]. Manufacturing & Service Operations Management, 2006, 8 (4): 376 - 393.

[70] Ferrer G. , Swaminathan J. M. Managing New and Differentiated Remanufactured Products [J]. European Journal of Operational Research, 2010, 203 (2): 370 - 379.

[71] Forti V. , Balde C. P. , Kuehr R. , et al. The Global E-Waste Monitor 2020: Quantities, Flows and the Circular Economy Potential [R]. 2020.

[72] Frota Neto J. Q. , Bloemhof J. , Corbett C. Market Prices of Remanufactured, Used and New Items: Evidence from eBay [J]. International Journal of Production Economics, 2016, 171: 371 - 380.

[73] Galbreth M. R. , Boyacı T. , Verter V. Product Reuse in Innovative Industries [J]. Production and Operations Management, 2013, 22 (4): 1011 - 1033.

[74] Gan S-S, Pujawan I. N. , Suparno, et al. Pricing Decision for New and Remanufactured Product in a Closed-Loop Supply Chain with Separate Sales-Channel [J]. International Journal of Production Economics, 2017, 190: 120 - 132.

[75] Gaur J. , Amini M. , Rao A. K. Closed-Loop Supply Chain Configuration for New and Reconditioned Products: An Integrated Optimization Model [J]. Omega-International Journal of Management Science, 2017, 66: 212 - 223.

[76] Genc T. S. , De Giovanni P. Optimal Return and Rebate Mechanism in a Closed-Loop Supply Chain Game [J]. European Journal of Operational Research, 2018, 269 (2): 661 - 681.

[77] Geng Y. , Sarkis J. , Ulgiati S. , et al. Measuring China's Circular Economy [J]. Science, 2013, 339 (6127): 1526 - 1527.

[78] Ghosh D. , Shah J. A Comparative Analysis of Greening Policies across Supply Chain Structures [J]. International Journal of Production Economics, 2012, 135 (2): 568 - 583.

[79] Goodarzian F. , Ghasemi P. , Gonzalez E. D. R. S. , et al. A Sustainable-Circular Citrus Closed-Loop Supply Chain Configuration: Pareto-Based

Algorithms [J]. Journal of Environmental Management, 2023, 328: 116892.

[80] Govindan K., Salehian F., Kian H., et al. A Location-Inventory-Routing Problem to Design A Circular Closed-Loop Supply Chain Network with Carbon Tax Policy for Achieving Circular Economy: An Augmented Epsilon-Constraint Approach [J]. International Journal of Production Economics, 2023, 257: 108771.

[81] Guide Jr V. D. R., Van Wassenhove L. N. OR FORUM—The Evolution of Closed-Loop Supply Chain Research [J]. Operations Research, 2009, 57 (1): 10 - 18.

[82] Guide V. D. R., Harrison T. P., Van Wassenhove L. N. The Challenge of Closed-Loop Supply Chains [J]. Interfaces, 2003, 33 (6): 3 - 6.

[83] Guide V. D. R., Wassenhove L. N. Business Aspects of Closed-Loop Supply Chains [M]. Carnegie Mellon University Press Pittsburgh, PA, 2003.

[84] Guo L., Qu Y., Tseng M-L, et al. Two-Echelon Reverse Supply Chain in Collecting Waste Electrical and Electronic Equipment: A Game Theory Model [J]. Computers & Industrial Engineering, 2018, 126: 187 - 195.

[85] Ha A. Y., Luo H., Shang W. Supplier Encroachment, Information Sharing, and Channel Structure in Online Retail Platforms [J]. Production and Operations Management, 2022, 31 (3): 1235 - 1251.

[86] Hammond D., Beullens P. Closed-Loop Supply Chain Network Equilibrium under Legislation [J]. European Journal of Operational Research, 2007, 183 (2): 895 - 908.

[87] Han X., Wu H., Yang Q., et al. Collection Channel and Production Decisions in a Closed-Loop Supply Chain with Remanufacturing Cost Disruption [J]. International Journal of Production Research, 2017, 55 (4): 1147 - 1167.

[88] Han X., Wu H., Yang Q., et al. Reverse Channel Selection under Remanufacturing Risks: Balancing Profitability and Robustness [J]. International Journal of Production Economics, 2016, 182: 63 - 72.

[89] He Q., Wang N., Browning T. R., et al. Competitive Collection with Convenience-Perceived Customers [J]. European Journal of Operational

Research, 2022, 303 (1): 239 – 254.

[90] He Q. , Wang N. , Yang Z. , et al. Competitive Collection under Channel Inconvenience in Closed-Loop Supply Chain [J]. European Journal of Operational Research, 2019, 275 (1): 155 – 166.

[91] He Y. Supply Risk Sharing in a Closed-Loop Supply Chain [J]. International Journal of Production Economics, 2017, 183: 39 – 52.

[92] Heydari J. , Govindan K. , Sadeghi R. Reverse Supply Chain Coordination under Stochastic Remanufacturing Capacity [J]. International Journal of Production Economics, 2018, 202: 1 – 11.

[93] Hong I-H, Yeh J-S. Modeling Closed-Loop Supply Chains in the Electronics Industry: A Retailer Collection Application [J]. Transportation Research Part E-Logistics and Transportation Review, 2012, 48 (4): 817 – 829.

[94] Hong X. , Govindan K. , Xu L. , et al. Quantity and Collection Decisions in a Closed-Loop Supply Chain with Technology Licensing [J]. European Journal of Operational Research, 2017, 256 (3): 820 – 829.

[95] Hong, X. , Cao, X. , Gong, Y. , et al. Quality Information Acquisition and Disclosure with Green Manufacturing in A Closed-Loop Supply Chain [J]. International Journal of Production Economics, 2021, 232: 107997.

[96] Hong X. , Wang L. , Gong Y. , et al. What is the Role of Value-Added Service in a Remanufacturing Closed-Loop Supply Chain? [J]. International Journal of Production Research, 2019: 1 – 20.

[97] Hong X. , Xu L. , Du P. , et al. Joint Advertising, Pricing and Collection Decisions in a Closed-Loop Supply Chain [J]. International Journal of Production Economics, 2015, 167: 12 – 22.

[98] Hu S. , Dai Y. , Ma Z-J, et al. Designing Contracts for a Reverse Supply Chain with Strategic Recycling Behavior of Consumers [J]. International Journal of Production Economics, 2016, 180: 16 – 24.

[99] Huang H. , Meng Q. , Xu H. , et al. Cost Information Sharing under Competition in Remanufacturing [J]. International Journal of Production Research, 2019, 57 (21): 6579 – 6592.

［100］Huang S. , Lu H. , Lin J. , et al. On The Dynamics of Return Collection in Closed-Loop Supply Chains ［J］. International Journal of Production Research, 2023, 62 （3）: 909 – 932.

［101］Huang Y. , Wang Z. Information Sharing in a Closed-Loop Supply Chain with Technology Licensing ［J］. International Journal of Production Economics, 2017, 191: 113 – 127.

［102］Huang Y-S, Lin C-J, Fang C-C. A Study on Recycle Schedules for Trade-In Rebates with Consideration of Product Life Cycle ［J］. IEEE Transactions on Engineering Management, 2019, 66 （3）: 475 – 490.

［103］Igl J. , Kellner F. Exploring Greenhouse Gas Reduction Opportunities for Retailers in Fast Moving Consumer Goods Distribution Networks ［J］. Transportation Research Part D: Transport and Environment, 2017, 50: 55 – 69.

［104］Iyer E. S. , Kashyap R. K. Consumer Recycling: Role of Incentives, Information, and Social Class ［J］. Journal of Consumer Behaviour: An International Research Review, 2007, 6 （1）: 32 – 47.

［105］Jain A. , Seshadri S. , Sohoni M. Differential Pricing for Information Sharing under Competition ［J］. Production and Operations Management, 2011, 20 （2）: 235 – 252.

［106］Jena S. K. , Sarmah S. P. , Sarin S. C. Joint-Advertising for Collection of Returned Products in a Closed-Loop Supply Chain under Uncertain Environment ［J］. Computers & Industrial Engineering, 2017, 113: 305 – 322.

［107］Jena S. K. , Sarmah S. P. Price Competition and Co-Operation in a Duopoly Closed-Loop Supply Chain ［J］. International Journal of Production Economics, 2014, 156: 346 – 360.

［108］Jin Y. , Muriel A. , Lu Y. When to Offer Lower Quality or Remanufactured Versions of a Product ［J］. Decision Sciences, 2016, 47 （4）: 699 – 719.

［109］Kleindorfer P. R. , Singhal K. , Van Wassenhove L. N. Sustainable Operations Management ［J］. Production and Operations Management, 2005, 14 （4）: 482 – 492.

［110］Kogan K. Second-Hand Markets and Intrasupply Chain Competition

[J]. Journal of Retailing, 2011, 87 (4): 489 – 501.

[111] Kovach J. J, Atasu A., Banerjee S. Salesforce Incentives and Re-manufacturing [J]. Production and Operations Management, 2018, 27 (3): 516 – 530.

[112] Kuchesfehani E. K., Parilina E. M., Zaccour G. Revenue and Cost Sharing Contract in A Dynamic Closed-Loop Supply Chain with Uncertain Parameters [J]. Annals of Operations Research, 2023, 322 (2): 851 – 877.

[113] Kumar R., Ramachandran P. Revenue Management in Remanufacturing: Perspectives, Review of Current Literature and Research Directions [J]. International Journal of Production Research, 2016, 54 (7): 2185 – 2201.

[114] Lee D. Turning Waste into By-Product [J]. Manufacturing & Service Operations Management, 2012, 14 (1): 115 – 127.

[115] Li K., Li Y., Gu Q., et al. Joint Effects of Remanufacturing Channel Design and After-Sales Service Pricing: An Analytical Study [J]. International Journal of Production Research, 2019, 57 (4): 1066 – 1081.

[116] Li K., Mallik S., Chhajed D. Design of Extended Warranties in Supply Chains under Additive Demand [J]. Production and Operations Management, 2012, 21 (4): 730 – 746.

[117] Li L. Information Sharing in a Supply Chain with Horizontal Competition [J]. Management Science, 2002, 48 (9): 1196 – 1212.

[118] Li X., Li Y., Cai X. Quantity Decisions in a Supply Chain with Early Returns Remanufacturing [J]. International Journal of Production Research, 2012, 50 (8): 2161 – 2173.

[119] Liu H., Lei M., Deng H., et al. A Dual Channel, Quality-Based Price Competition Model for the WEEE Recycling Market with Government Subsidy [J]. Omega, 2016, 59: 290 – 302.

[120] Liu Z., Chen J., Diallo C. Optimal Production and Pricing Strategies for a Remanufacturing Firm [J]. International Journal of Production Economics, 2018, 204: 290 – 315.

[121] Ma W., Zhao Z., Ke H. Dual-Channel Closed-Loop Supply Chain

with Government Consumption-Subsidy [J]. European Journal of Operational Research, 2013, 226 (2): 221 –227.

[122] Ma Z-J, Zhou Q. , Dai Y. , et al. Optimal Pricing Decisions under the Coexistence of "Trade Old for New" and "Trade Old for Remanufactured" Programs [J]. Transportation Research Part E-Logistics and Transportation Review, 2017, 106: 337 –352.

[123] Maiti T. , Giri B. C. Two-Way Product Recovery in a Closed-Loop Supply Chain with Variable Markup under Price and Quality Dependent Demand [J]. International Journal of Production Economics, 2017, 183: 259 –272.

[124] Miao Z. , Fu K. , Xia Z. , et al. Models for Closed-Loop Supply Chain with Trade-Ins [J]. Omega-International Journal of Management Science, 2017, 66: 308 –326.

[125] Mitra S. Models to Explore Remanufacturing as a Competitive Strategy under Duopoly [J]. Omega-International Journal of Management Science, 2016, 59: 215 –227.

[126] Moorthy K. S. Product and Price Competition in a Duopoly [J]. Marketing Science, 1988, 7 (2): 141 –168.

[127] Mukhopadhyay S. K. , Ma H. Joint Procurement and Production Decisions in Remanufacturing under Quality and Demand Uncertainty [J]. International Journal of Production Economics, 2009, 120 (1): 5 –17.

[128] Mukhopadhyay S. K. , Setaputra R. Return Policy in Product Reuse under Uncertainty [J]. International Journal of Production Research, 2011, 49 (17): 5317 –5332.

[129] Mukhopadhyay S. K. , Yao D-Q, Yue X. Information Sharing of Value-Adding Retailer in aMixed Channel Hi-Tech Supply Chain [J]. Journal of Business Research, 2008, 61 (9): 950 –958.

[130] Nash Jr J. F. Equilibrium Points in N-Person Games [J]. Proceedings of the National Academy of Sciences, 1950, 36 (1): 48 –49.

[131] Nash Jr J. F. Non-Cooperative Games [J]. Annals of Mathematics, 1951, 54 (2): 289 –295.

［132］Oezceylan E. , Paksoy T. Interactive Fuzzy Programming Approaches to the Strategic and Tactical Planning of a Closed-Loop Supply Chain under Uncertainty ［J］. International Journal of Production Research, 2014, 52 (8): 2363 – 2387.

［133］Oraiopoulos N. , Ferguson M. E. , Toktay L. B. Relicensing as a Secondary Market Strategy ［J］. Management Science, 2012, 58 (5): 1022 – 1037.

［134］Panda S. , Modak N. M. , Eduardo Cardenas-Barron L. Coordinating a Socially Responsible Closed-Loop Supply Chain with Product Recycling ［J］. International Journal of Production Economics, 2017, 188: 11 – 21.

［135］Panda S. Coordination of a Socially Responsible Supply Chain Using Revenue Sharing Contract ［J］. Transportation Research Part E-Logistics and Transportation Review, 2014, 67: 92 – 104.

［136］Piplani R. , Saraswat A. Robust Optimisation Approach to the Design of Service Networks for Reverse Logistics ［J］. International Journal of Production Research, 2012, 50 (5): 1424 – 1437.

［137］Quintana-García C. , Benavides-Chicón C. G. , Marchante-Lara M. Does a Green Supply Chain Improve Corporate Reputation? Empirical Evidence from European Manufacturing Sectors ［J］. Industrial Marketing Management, 2021, 92: 344 – 353.

［138］Rahman S. , Subramanian N. Factors for Implementing End-of-Life Computer Recycling Operations in Reverse Supply Chains ［J］. International Journal of Production Economics, 2012, 140 (1): 239 – 248.

［139］Ramani V. , De Giovanni P. A Two-Period Model of Product Cannibalization in an Atypical Closed-Loop Supply Chain with Endogenous Returns: The Case of DellReconnect ［J］. European Journal of Operational Research, 2017, 262 (3): 1009 – 1027.

［140］Rickli J. L. , Camelio J. A. Partial Disassembly Sequencing Considering Acquired End-of-Life Product Age Distributions ［J］. International Journal of Production Research, 2014, 52 (24): 7496 – 7512.

［141］Roy D. , Carrano A. L. , Pazour J. A. , et al. Cost-Effective Pallet

Management Strategies [J]. Transportation Research Part E-Logistics and Transportation Review, 2016, 93: 358 – 371.

[142] Savaskan R. C. , Bhattacharya S. , Van Wassenhove L. N. Closed-Loop Supply Chain Models with Product Remanufacturing [J]. Management Science, 2004, 50 (2): 239 – 252.

[143] Savaskan R. C. , Van Wassenhove L. N. Reverse Channel Design: The Case of Competing Retailers [J]. Management Science, 2006, 52 (1): 1 – 14.

[144] Savva N. , Taneri N. The Role of Equity, Royalty, and Fixed Fees in Technology Licensing to University Spin-Offs [J]. Management Science, 2015, 61 (6): 1323 – 1343.

[145] Sen D. , Stamatopoulos G. Licensing under General Demand and Cost Functions [J]. European Journal of Operational Research, 2016, 253 (3): 673 – 680.

[146] Shah P. , Gosavi A. , Nagi R. A Machine Learning Approach to Optimise the Usage of Recycled Material in a Remanufacturing Environment [J]. International Journal of Production Research, 2010, 48 (4): 933 – 955.

[147] Shi W. , Min K. J. A Study of Product Weight and Collection Rate in Closed-Loop Supply Chains with Recycling [J]. IEEE Transactions on Engineering Management, 2013, 60 (2): 409 – 423.

[148] Shulman J. D. , Coughlan A. T. , Savaskan R C. Managing Consumer Returns in a Competitive Environment [J]. Management Science, 2011, 57 (2): 347 – 362.

[149] Simpson D. , Power D. , Riach K. , et al. Consumer Motivation for Product Disposal and Its Role in Acquiring Products for Reuse [J]. Journal of Operations Management, 2019, 65 (7): 612 – 635.

[150] Singh N. , Ramachandran K. , Subramanian R. Intertemporal Product Management with Strategic Consumers: The Value of Defective Product Returns [J]. Manufacturing & Service Operations Management, 2022, 24 (2): 1146 – 1164.

[151] Slavík J. , Dolejš M. , Rybová K. Mixed-Method Approach Incorporating Geographic Information System (GIS) Tools for Optimizing Collection Costs and Convenience of the Biowaste Separate Collection [J]. Waste Management, 2021, 134: 177 – 186.

[152] Su X. Consumer Returns Policies and Supply Chain Performance [J]. Manufacturing & Service Operations Management, 2009, 11 (4): 595 – 612.

[153] Subramanian R. , Ferguson M. E. , Toktay L. B. Remanufacturing and the ComponentCommonality Decision [J]. Production and Operations Management, 2013, 22 (1): 36 – 53.

[154] Subramanian R. , Gupta S. , Talbot B. Compliance Strategies under Permits for Emissions [J]. Production and Operations Management, 2007, 16 (6): 763 – 779.

[155] Sundin E. , Sakao T. , Lindahl M. , et al. Map of Remanufacturing Business Model Landscape [R]. European Remanufacturing Network, For Horizon, 2020.

[156] Suvadarshini P. , Biswas I. , Srivastava S. K. Impact of Reverse Channel Competition, Individual Rationality, and Information Asymmetry on Multi-Channel Closed-Loop Supply Chain Design [J]. International Journal of Production Economics, 2023, 259: 108818.

[157] Tahirov N. , Hasanov P. , Jaber M. Y. Optimization of Closed-Loop Supply Chain of Multi-Items with Returned Subassemblies [J]. International Journal of Production Economics, 2016, 174: 1 – 10.

[158] Tang J. , Li B-Y, Li K. W. , et al. Pricing and Warranty Decisions in a Two-Period Closed-Loop Supply Chain [J]. International Journal of Production Research, 2020, 58 (6): 1688 – 1704.

[159] Teunter R. H. , Flapper S. D. P. Optimal Core Acquisition and Remanufacturing Policies under Uncertain Core Quality Fractions [J]. European Journal of Operational Research, 2011, 210 (2): 241 – 248.

[160] Thierry M. , Salomon M. , Van Nunen J. , et al. Strategic Issues in Product Recovery Management [J]. California Management Review, 1995, 37

（2）：114 – 136.

[161] Tian F. , Sosic G. , Debo L. Manufacturers' Competition and Coop-eration in Sustainability: Stable Recycling Alliances [J]. Management Sci-ence, 2019, 65 (10): 4733 – 4753.

[162] Timoumi A. , Singh N. , Kumar S. Is Your Retailer a Friend or Foe: When Should the Manufacturer Allow Its Retailer to Refurbish? [J]. Pro-duction and Operations Management, 2021, 30 (9): 2814 – 2839.

[163] Toktay L. B. , Wei D. Cost Allocation in Manufacturing-Remanufac-turing Operations [J]. Production and Operations Management, 2011, 20 (6): 841 – 847.

[164] Toyasaki F. , Boyaci T. , Verter V. An Analysis of Monopolistic and Competitive Take-Back Schemes for WEEE Recycling [J]. Production and Operations Management, 2011, 20 (6): 805 – 823.

[165] Tsaur R-C. Green Product Pricing Decision Analysis with Application to Personal Computers [J]. International Journal of Production Research, 2015, 53 (1): 307 – 320.

[166] Tsay A. A. , Agrawal N. Channel Dynamics under Price and Service Competition [J]. Manufacturing & Service Operations Management, 2000, 2 (4): 372 – 391.

[167] Tsay A. A. , Gray J. V. , Noh I. J. , et al. A Review of Production and Operations Management Research on Outsourcing in Supply Chains: Impli-cations for the Theory of the Firm [J]. Production and Operations Management, 2018, 27 (7): 1177 – 1220.

[168] Tsay A. A. , Nahmias S. , Agrawal N. Modeling Supply Chain Con-tracts: A Review [J]. Quantitative Models for Supply Chain Management, 1999: 299 – 336.

[169] Vadde S. , Kamarthi S. V. , Gupta S. M. Optimal Pricing of Reus-able and Recyclable Components under Alternative Product Acquisition Mecha-nisms [J]. International Journal of Production Research, 2007, 45 (18 – 19): 4621 – 4652.

［170］ Vorasayan J. , Ryan S. M. Optimal Price and Quantity of Refurbished Products ［J］. Production and Operations Management, 2006, 15 (3): 369 – 383.

［171］ Wagner T. P. Compact Fluorescent Lights and the Impact of Convenience and Knowledge on Household Recycling Rates ［J］. Waste Management, 2011, 31 (6): 1300 – 1306.

［172］ Wan X. , Yang D. , Wang T. , et al. Closed-Loop Supply Chain Decision Considering Information Reliability and Security: Should the Supply Chain Adopt Federated Learning Decision Support Systems? ［J］. Annals of Operations Research, 2023: 1 – 37.

［173］ Wang N. , He Q. , Jiang B. Hybrid Closed-Loop Supply Chains with Competition in Recycling and Product Markets ［J］. International Journal of Production Economics, 2019, 217: 246 – 258.

［174］ Webster S. , Mitra S. Competitive Strategy in Remanufacturing and the Impact of Take-Back Laws ［J］. Journal of Operations Management, 2007, 25 (6): 1123 – 1140.

［175］ Wei J. , Wang Y. , Zhao J. , et al. Analyzing the Performance of a Two-Period Remanufacturing Supply Chain with Dual Collecting Channels ［J］. Computers & Industrial Engineering, 2019, 135: 1188 – 1202.

［176］ Wilhite A. , Burns L. , Patnayakuni R. , et al. Military Supply Chains and Closed-Loop Systems: Resource Allocation and Incentives in Supply Sourcing and Supply Chain Design ［J］. International Journal of Production Research, 2014, 52 (7): 1926 – 1939.

［177］ Wu C. H. , Wu H. H. Competitive Remanufacturing Strategy and Take-Back Decision with OEM Remanufacturing ［J］. Computers & Industrial Engineering, 2016, 98 (Aug.): 149 – 163.

［178］ Wu C-H. Price and Service Competition between New and Remanufactured Products in aTwo-Echelon Supply Chain ［J］. International Journal of Production Economics, 2012, 140 (1): 496 – 507.

［179］ Wu X. , Zhou Y. Does the Entry of Third-Party Remanufacturers Always Hurt Original Equipment Manufacturers? ［J］. Decision Sciences, 2016,

47 (4): 762 - 780.

[180] Wu X. , Zhou Y. The Optimal Reverse Channel Choice under Supply Chain Competition [J]. European Journal of Operational Research, 2017, 259 (1): 63 - 66.

[181] Xiao Y. , Zhou S. X. Trade-in for Cash or for Upgrade? Dynamic Pricing with Customer Choice [J]. Production and Operations Management, 2020, 29 (4): 856 - 881.

[182] Xiao Y. Choosing the Right Exchange-Old-for-New Programs for Durable Goods with a Rollover [J]. European Journal of Operational Research, 2017, 259 (2): 512 - 526.

[183] Xie J. , Liang L. , Liu L. , et al. Coordination Contracts of Dual-Channel with Cooperation Advertising in Closed-Loop Supply Chains [J]. International Journal of Production Economics, 2017, 183: 528 - 538.

[184] Xiong Y. , Zhao Q. , Zhou Y. Manufacturer-Remanufacturing vs Supplier-Remanufacturing in a Closed-Loop Supply Chain [J]. International Journal of Production Economics, 2016, 176: 21 - 28.

[185] Xiong Y. , Zhou Y. , Li G. , et al. Don't Forget Your Supplier When Remanufacturing [J]. European Journal of Operational Research, 2013, 230 (1): 15 - 25.

[186] Yalabik B. , Chhajed D. , Petruzzi N. C. Product and Sales Contract Design in Remanufacturing [J]. International Journal of Production Economics, 2014, 154: 299 - 312.

[187] Yan W. , Xiong Y. , Xiong Z. , et al. Bricks vs. Clicks: Which is Better for Marketing Remanufactured Products? [J]. European Journal of Operational Research, 2015, 242 (2): 434 - 444.

[188] Yang Y. , Lin J. , Hedenstierna C. P. T. , et al. The More the Better? The Impact of The Number and Location of Product Recovery Options on the System Dynamics in A Closed-Loop Supply Chain [J]. Transportation Research Part E: Logistics and Transportation Review, 2023, 175: 103150.

[189] Yao D-Q, Yue X. , Liu J. Vertical Cost Information Sharing in a Sup-

ply Chain with Value-Adding Retailers [J]. Omega, 2008, 36 (5): 838 –851.

[190] Yao D-Q, Yue X., Wang X., et al. The Impact of Information Sharing on a Returns Policy with the Addition of a Direct Channel [J]. International Journal of Production Economics, 2005, 97 (2): 196 –209.

[191] Yau Y. Domestic Waste Recycling, Collective Action and Economic Incentive: The Case in Hong Kong [J]. Waste Management, 2010, 30 (12): 2440 –2447.

[192] Ye Y-S, Ma Z-J, Dai Y. The Price of Anarchy in Competitive Reverse Supply Chains with Quality-Dependent Price-Only Contracts [J]. Transportation Research Part E-Logistics and Transportation Review, 2016, 89: 86 –107.

[193] Yenipazarli A. Managing New and Remanufactured Products to Mitigate Environmental Damage under Emissions Regulation [J]. European Journal of Operational Research, 2016, 249 (1): 117 –130.

[194] Yoo S. H., Kim D., Park M-S. Pricing and Return Policy under Various Supply Contracts in a Closed-Loop Supply Chain [J]. International Journal of Production Research, 2015, 53 (1): 106 –126.

[195] Yuan X., Gao D. Effect of Dissolved Oxygen on Nitrogen Removal and Process Control in Aerobic Granular Sludge Reactor [J]. Journal of Hazardous Materials, 2010, 178 (1 –3): 1041 –1045.

[196] Yue X., Liu J. Demand Forecast Sharing in a Dual-Channel Supply Chain [J]. European Journal of Operational Research, 2006, 174 (1): 646 –667.

[197] Zhang F., Zhang R. Trade-in Remanufacturing, Customer Purchasing Behavior, and Government Policy [J]. Manufacturing & Service Operations Management, 2018, 20 (4): 601 –616.

[198] Zhang Y., He Y., Yue J., et al. Pricing Decisions for a Supply Chain with Refurbished Products [J]. International Journal of Production Research, 2019, 57 (9): 2867 –2900.

[199] Zhao D., Chen H., Hong X., et al. Technology Licensing Contracts with Network Effects [J]. International Journal of Production Economics,

2014, 158: 136 – 144.

[200] Zhao J. , Wang C. , Xu L. Decision for Pricing, Service, and Recycling of Closed-Loop Supply Chains Considering Different Remanufacturing Roles and Technology Authorizations [J]. Computers & Industrial Engineering, 2019, 132: 59 – 73.

[201] Zheng B. , Yang C. , Yang J. , et al. Dual-Channel Closed Loop Supply Chains: Forward Channel Competition, Power Structures and Coordination [J]. International Journal of Production Research, 2017, 55 (12): 3510 – 3527.

[202] Zhou W. , Zheng Y. , Huang W. Competitive Advantage of Qualified WEEE Recyclers through EPR Legislation [J]. European Journal of Operational Research, 2017, 257 (2): 641 – 655.

[203] Zhou Y. , Zhang Y. , Wahab M. I. M. , et al. Channel Leadership and Performance for A Closed-Loop Supply Chain Considering Competition [J]. Transportation Research Part E: Logistics and Transportation Review, 2023, 175: 103151.

[204] Zhu X. , Wang M. , Chen G. , et al. The Effect of Implementing Trade-in Strategy on Duopoly Competition [J]. European Journal of Operational Research, 2016, 248 (3): 856 – 868.

[205] Zou Z-B, Wang J-J, Deng G-S, et al. Third-Party Remanufacturing Mode Selection: Outsourcing or Authorization? [J]. Transportation Research Part E-Logistics and Transportation Review, 2016, 87: 1 – 19.